교실의 온도

작가의 말

'처음처럼'

제가 참 좋아하는 말이에요. 처음 이 말을 본 후부터 제 머릿속에서 함께하는 말이에요. 그냥 좋았어요. 처음이라는 말은 떠올리기만 해도 뭔가가 느껴지거든요. 가슴 두근거리는 설렘, 내일에 대한 기대, 우왕좌왕하며 했던 실수. 다 좋아요. 아침에 일어날 때, 학교에서 아이들을 만날 때, 자동차를 운전할 때, 음식을 만들 때 저는 이 말을 떠올려요. 그러면 반복되는 비슷한 일상임에도 이상하게 마음이 달라져요.

우리 같이 떠올려 봐요. 새 운동화를 처음 신은 날 기억나나요? 흙이 묻지 않을까 깨끗한 곳으로만 다녔어요. 뒷부분이 구겨질까봐 조심해서 신고 벗었죠. 마치 큰 보물이라도 되는 것처럼 아끼고 아꼈어요. 처음 자동차를 운전할 때는 어땠나요? 안전벨트는 꼭 맸어요. 규정 속도도 지켰지요. 누가 차선을 바꾸면 양보해줬어요. 안전을 최우선으로 생각했어요.

학교에서 아이들을 만나면서 겪은 처음들을 떠올려봤어요. 다양한 처음들이 저와 함께 했어요. 행복했던 처음도 있고요. 어설펐던 처음도 있어요. 부끄러웠던 처음도 있고, 힘들었던 처음도 있어요. 이런 처음들이 모여 지금의 제가 되었어요. 다 소중한 처음들이에요.

다시 처음으로 돌아가야겠어요. 새 신을 신고 학교에 가던 그날로 돌아가야겠어요. 초등학교 교사가 되어 아이들 앞에 처음으로 섰던 그때 첫 마음으로 돌아가야겠어요. 첫째 아이, 둘째 아이, 셋째 아이를 처음 만났을 때의 마음으로 돌아가야겠어요.

이 글을 읽는 여러분도 그랬으면 좋겠어요. 여러분만의 다양한 처음과 첫 마음을 떠올려 보셨으면 해요. 바쁜 생활 속에서, 지루하고 고단한 삶 속에서 그때 그 자리에 서 있는 나를 만날 수 있을 거예요. 그렇게 만난 나랑 잠깐 마주보며 미소 한번 지어보길 바랄게요.

겨울방학 일주일 전, 교실에서 **송명원**

차 례

1. 나의 첫 사택

4. 그들에게서 배운다

2. 교실의 온도

5. 고마워요, 선상님!

3. 방학

6. 교문 밖에 서 보니

7. 확 때려치우고 싶을 때,
   아직은 없다

10. 선생님 되길 잘했지?

8. 나의 키다리 아저씨 아니,
   키다리 편집장님

11. 교생이라는 말

9. 아이

추천의 글 _ 뭔가 다르다

나의 첫 사택

영화 때문이었다. 강원도 산골 분교에서 근무하게 된 김봉두가 허름하고 좁은 사택방에서 혼자 화투치면서 뒹굴던 장면은 지금도 선명하게 기억난다. 봉화로 발령받기 일 년 전쯤에 본 영화 〈선생 김봉두〉. 시골 교사들은 다 저렇게 생활하나보다 했다. 영화 속 김봉두의 생활이 나를 멋져 보였다. 영화도 영화였지만 개인적 취향의 문제였을 수도 있었다. 이상하게 나는 80년대식 생활에 마음이 종종 끌린다. 초등학교 교사로 지내셨던 아버지를 따라 어릴 적 우리 가족은 산골 학교 여기저기를 옮겨 다녔고, 딱 김봉두가 지낸 곳과 비슷한 사택에서 생활했었다. 그곳에서 나는 자랐다. 2004년 봉화라는 곳에 신규발령을 받았다. 2월 말 나의 첫 학교인 도촌초등학교에 인사를 하러 가서 지낼 곳을 알아 봤다. 주위에는 산과 논 밖에 없었다. 영주 시내와 봉화읍까지는 각각 차로 15분 거리. 중간지점에 학교가 있었다. 당시 나는 운전을 하지 않았다. 영주와 봉화를 다니는 버스가 30분 간격으로 자주 있는 편임에도 불구하고 영주나 봉화에 집을 구할 생각은 하지 못했다. 같이 가신 부모님께서 교감 선생님께 물어보셨다.
"혹시 사택은 없나요?"

70년대에 지어진 아주 오래된 앞 교사(校舍)와 90년대에 지어진 뒷 교사(校舍) 사이 좁은 공간에 작은 사택이 하나 있었다. 선생 김봉두가 생활했던 바로 그런 곳. 잘 열리지도

않고 빛바랜 녹색 페인트칠이 툭툭 떨어진 미닫이 나무문을 열고 들어가니 오래된 곰팡이 냄새가 훅 풍겨왔다. 한쪽 귀퉁이 시멘트 바닥엔 찌그러진 세숫대야 하나와 낮은 수도가 있었다. 다행히 온수는 나왔다. 옆에는 시도 때도 없이 작동을 멈추는 낡은 보일러가 있었고, 양옆으로 방이 하나씩 있었다. 오른쪽은 학교 주무관님이 작업할 때 옷을 갈아입거나 일하다 쉬는 방이었고, 왼쪽은 창고로 사용하는 방이었다. 크기는 두 평 정도. 교감 선생님께서 창고방의 문을 여셨다.
"방도 좁고 어수선하지만 쓰신다고 하면 도배는 새로 해 드리겠습니다."
 방에 들어가지도 못하고 둘러만 봤다. 굳이 들어갈 필요도 들어갈 수도 없었다. 워낙 좁아서 어른 네 명이 서 있기도 부족한 크기였다.(누우면 머리끝과 발끝이 벽에 닿았다) 후~ 하는 한숨과 함께 선생 김봉두가 떠올랐다.
 '그래. 한번 생활해 보자. 어릴 때도 이런 곳에서 자랐는데 뭐.'
 현실은 서글펐다. 3월 1일 새 학기가 시작되는 전 날, 짐을 옮겨준 부모님은 대구로 가시며 걱정하셨다. 혼자 남게 된 사택에서의 첫날! 해가 지고 어두워졌다. 불 켤 곳을 찾다가 알았다. 장판과 도배는 깔끔하게 되었지만 형광등이 없다는 걸. 다행히 학교 주위에는 집이 한 채 있었다. 생전 처음 보는 사람을 찾아가 대뜸 형광등 하나만 달라고 말하는 게 어려웠지만 어쩔 수 없었다. 찾아간 곳은 다행히 학교에서 일하시는 주무관님 집이었다. 주무관님이 차를 몰고 읍내에 가서 형광등을 사 오셨다. 겨울이라 해는 금방 졌고, 어둠이 내려앉고도 한 시간이 더 지났을 무렵 드디어 방 안이 환해졌다. 다시 혼자가 되었다.

 이제껏 살면서 낯선 곳에, 그것도 혼자, 이렇게 조용하게 있어본 적이 없었다. 새로 산 텔레비전은 아무리 틀어도 화면이 나오지 않았다. 치지지지직 소리만 났다. 몇 번 하다가 포기하고 라디오를 틀었다. 다행히 라디오에서는 사람의 목소리가 흘러 나왔다.

 9시가 채 되지 않았지만 이불을 폈다. 화장실이 가고 싶었다. 아차! 사택 안에는 화장실이 없다는 것을 잊고 있었다. 깜깜한 학교 건물을 돌아가야 사용할 수 있는 화장실이 있었는데 그마저도 "빨간 휴지 줄까, 파란 휴지 줄까?" 옛이야기에 나올법한 오래된 재래식 화장실이었다. 십 년

넘게 사용을 하지 않고 방치된 곳으로 전등도 없었다. 결국 학교 화단에다 볼일을 보고는 얼른 들어와 문을 꼭꼭 잠갔다. 다시 자리에 누웠다. '누가 가라고 등을 떠민 것도 아니고 왜 이런 산골에 지원을 해서 이 고생을 하는지…….'

 사택에서의 내 생활은 지금 생각해도 스스로에게 연민이 느껴지는 일의 연속이었다. 4시 30분 퇴근한 후 사택에 들어가면 문을 걸어 잠그고 밖으로 나오지 않았다. 4월이 되고 해가 조금씩 길어지면서 텅 빈 운동장을 혼자 걷곤 했다. 조금 더 시간이 흐른 후엔 운동장에 나와서 운동 겸 매일 산책을 하고, 어떤 날은 조회대에 누워 밤하늘의 별을 보면서 미친 듯이 노래도 불렀다.

 첫날 나오지 않아 절망을 안겨주었던 텔레비전은 학교 주무관님이 달아준 안테나 덕분에 저녁시간 나의 친구가 되었다. MBC와 KBS1 밖에 나오지 않았지만 행복한 시간이었다. 모든 것들이 조금씩 익숙해지고 있었다. 처음부터 이 방의 주인이었던 이름 모를 벌레와도 함께 생활했다. 아침에 일어나면 내 몸부림에 눌려 숨을 거둔 벌레도 있었다. 미안한 마음에 부디 좋은 곳으로 가라고 명복을 빌어주는 것도 잊지 않았다.

 한밤중에 깨는 일도 종종 있었다. 새벽 2시쯤에 누군가 쾅쾅 사택 문을 두드렸다. 놀라서 벌떡 일어났다. 세콤이 잘못 울려서 직원이 출동을 했는데 안쪽에서 문이 잠긴 탓에 들어오지 못하고 부서져라 문만 두드린 것이다.(세콤 박스는 사택 안에 있었다.) 한 달에 2번 정도 이런 일이 반복되었고 시간은 항상 새벽 2시 경이었다. 나중에는 세콤 직원과도 친해졌다. 한밤중에 사택 앞에 선 채로 캔 커피를 함께 마시기도 했다.

 7월에 접어들고 여름이 되면서는 사택을 떠나 피난 생활도 했다. 단층 건물인 사택은 콘크리트 건물로 7월의 더위를 하나도 빼놓지 않고 쏙쏙 빨아들였다. 흡수만 했지 소화를 못 시킨 탓에 낮 동안 후끈 달궈진 사택은 새벽 1시가 지나서야 조금씩 식었다. 벌레 때문에 문도 열어놓지 못했고, 선풍기도 탁상용 미니 선풍기 하나 밖에 없었다. 퇴근과 동시에 찬물 한 바가지를 뒤집어쓴 후 현관문을 꼭꼭 잠근 채 팬티만 입고 지냈다. 조금만 움직여도 땀이 줄줄 흘러내려서 저녁밥을 대충 먹고는 가만히 누운 채 텔레비전만 보다가 잠들었다. 다음날 수업 준비는 엄

두도 내지 못했다. 이러다가 정말 큰일 나겠다는 생각이 들었다. 피난을 결심했다. 퇴근하시는 선생님 차를 얻어 타고 봉화읍에 나가 짜장면 한 그릇으로 저녁밥을 해결한 다음, 혼자 내성천 강가에 앉아 흘러가는 강물만 하염없이 바라보았다. 눈물은 나지 않았지만 후회가 되었다. '누가 가라고 등을 떠민 것도 아니고 왜 이런 산골에 지원을 해서 이 고생을 하는지……'

 해가 진 다음에는 읍내 이곳저곳을 정처 없이 걸었다. PC방이나 카페라도 갔으면 됐을 텐데 소심한 성격 탓에 그러지도 못했다. 시간은 정말 더디게 갔다. 10시 막차를 타고 돌아온 사택은 여전히 후끈했다. 훌러덩 옷부터 벗고 찬물 한 바가지를 뒤집어쓰고는 꼼짝하지 않고 누워 있다가 나도 모르게 잠이 들었다.

 모든 일에는 끝이 있는 법. 드디어 사택과 이별을 했다. 여름방학이 끝나자마자 나는 교육청 사택을 신청했다. 재를 하나 넘고 차로 30분 거리인 먼 곳이었지만 사람답게(?) 살고 싶은 마음이 더 컸다. 사택에서 지내는 동안 차도 생겼고, 운전도 어느 정도 익숙해졌다. 두 평 남짓의 학교 사택을 떠나 열 평 정도의 또 다른 사택으로 들어가던 날을 잊을 수 없다. 좋았다. 너무 좋았다. 방에 누워서 마구 뒹굴었다. 넓었다. 완전 넓었다. 몇 번을 굴렀는데도 벽에 닿지를 않았다. 사택 안에는 좌변기도 있었다. 텔레비전 채널도 2개에서 4개로 선택의 폭이 늘어났다. 골라보는 재미까지 생겼다. 집이 넓어진 덕분인지 내 마음도 함께 넓어졌다. 학교생활도 더 즐거웠다. 진즉에 나올 걸. 좁고 덥고 불편한 사택에서 6개월이라는 시간을 어떻게 보냈는지 모르겠다. 선생 김봉두가 되고 싶었던 걸까, 어릴 적 생활에 대한 향수였을까. 지금이라면 절대 하지 못했을 생활. 젊어 고생을 사서한 것 같지만 그래도 그때는 마음 하나만큼은 확실했다. 아이들을 바라보고 생활하는 나름 멋진 선생님이 되어보겠다는 생각. 불편한 사택 생활을 견디기 힘들 때마다 나는 다짐했었다. 아이들에게 친구 같은 선생님이 되겠다고. 그때 너무 많은 다짐을 한 탓인지 지금도 학교생활이 힘들다고 느껴질 때면 나 스스로에게 묻곤 한다.

'그때 그렇게 지내면서도 잃지 않았던 그 첫 마음, 처음 사택에서 지내며 먹은 그 마음은 다 어디로 갔니?' 라고.

교실의 온도

2004년 3월 11일 7시 40분!

교실문을 열고 형광등을 켰다. 밤새 잠들어 있던 교실이 깨어났다. 창문을 열어 갇혀 있던 공기를 내보내고 바깥 공기를 안으로 들였다. 3월 첫 주가 지났지만 아직은 겨울의 기운이 남아있는 봉화의 찬 공기에 몸이 떨렸다. 기름난로의 콘센트를 꽂았다. 난로에 기름이 얼마 남지 않았다. 기름 창고로 향했다.

지난 주말에는 눈이 내렸다. 30년만의 폭설이라고 했다. 며칠이 지나도 눈은 녹지 않은 채 학교 여기저기에 그대로 쌓여 있었다. 교실로 가는데 날은 더 춥게 느껴졌고 바람은 쌩쌩 불었다. 기름통은 무거웠고 2층 제일 끝 쪽인 교실은 멀기만 했다. 난로에 기름을 넣고 전원 스위치를 눌렀다. 오래된 난로가 요란한 소리를 내며 기지개를 켰다. '퍼퍼퍼퍼퍽' 시커먼 연기와 함께 역한 기름냄새가 훅 올라왔다. 난로 옆에 있던 학생 의자를 당겨 앉았다. 얼었던 몸이 조금씩 녹았다. 난로가 벌겋게 달아오를 때쯤 창문을 닫았다. 교실이 조금씩 데워지고 찬 공기가 따뜻해질 때쯤 교실문이 열리며 첫 번째 아이가 왔다. "아, 따뜻해." 그 말을 듣는 순간 내가 더 따뜻해졌다. 나와 눈을 마주친 아이가 활짝 웃었다.

"왜 이렇게 학교에 일찍 와? 송선생은 학교가 그렇게 좋아?"

다른 선생님에게 내가 늘 듣던 말이다. 나는 다른 선생님들보다 출근이 빨랐다. 왜 이렇게 일찍 오냐고 물으면 "아침에 할 일이 없어서요." 결혼 전에는 이렇게 얼버무렸다. 결혼하고 아이가 생긴 후로는 대답이 조금 달라졌다. "일 좀 하려고요. 집에서는 아이들 때문에 통 일을 못해요."

말은 이렇게 했지만 초임 교사 때 세운 나만의 교육목표가 있다. 교육목표라 하니 뭔가 거창하고 대단한 것 같지만 알고보면 누군가에게 말하기조차 부끄러운 것이다. 초임 교사가 세울 교육목표가 뭐가 있을까? 사람마다 다르겠지만 대부분의 초임 선생님들은 아이들에게 좋은 선생님이 되고 싶다는 마음을 가지고 있다. 나도 그랬다. '좋은 선생님이 되어야지.' 막연한 생각은 있었지만 구체적인 방법 같은 건 몰랐다. 아이들과 잘 놀고 재미있게 지내면 되는 거 아닌가. 다른 지역으로 발령 받은 동기, 후배들과 전화를 하다보면 의외로 다른 대답을 들을 때가 있다. 그들은 수업 연구를 열심히 해서 수업 전문가가 되겠다고, 교사가 되었으니 교장까지는 한번 해봐야 않겠냐고 말하기도 했다. 수업연구대회를 신청할 계획이고 교과서 분석을 끝냈다고도 했다. 대학원 진학 준비를 하거나 십 년 안에 울릉도에 있는 학교에 갈 거라는 말도 들었다. (울릉도가 멀리 떨어진 외딴 곳이라 선생님들이 근무 희망을 하지 않을 것 같지만 벽지 점수가 제일 높은 그곳은 희망한다고 아무나 갈 수 있는 그런 곳이 아니다.) 목표와 함께 방법도 분명했다. 난 뭐지?

'이것도 교육목표가 되나?' 교직생활을 하는 동안 꾸준히 실천해보고 싶은 목표가 생겼다. 이게 목표가 될 줄은 나도 몰랐다. 계속 생각이 나고 신경이 쓰였다. 빛이 안

나면 어때? 드러나지 않으면 어때? 꾸준히 즐거운 마음으로 할 수 있는 일이면 되는 거 아닌가? 나름의 개똥철학이 또 작동을 했다.

 그 일이 있은 다음날부터였다. 추운 날씨 탓에 따뜻한 이불 속을 떠나고 싶지 않았다. 텔레비전을 보며 아침시간을 보내고 싶었지만 아이가 교실 문을 들어서던 시간이 되면 아이의 말과 웃음이 자꾸 생각났다. 추운 날씨에도 자전거를 타고 학교에 다니던 아이, 장갑이 없어 손이 얼어 있었던 아이, 볼이 빨갛게 언 채로 난로도 켜지지 않은 교실 책상에 앉아 있을 아이를 생각하니 마음이 편치 않았다. 무뚝뚝한

성격 탓에 아이의 두 손을 꼭 잡아주며 얼어버린 손을 녹여주지는 못해도 조금만 일찍 서두르면 따뜻한 교실로 아이의 몸과 마음을 녹여줄 수는 있을 것 같았다.
 이전과는 다른 아침이 되었다. 학교에 일찍 가서 난로를 켜 놓고 아이를 기다렸다. 그 다음 날도 그랬다. 혹시 늦잠을 잔 아침이면 괜히 불안하고 초조해졌다. 세수도 하는 둥 마는 둥 아침밥도 거른 채 출근해서 난로부터 켜 놓고 아이를 기다렸다. 일주일이 되고 한 달이 되었다. 나도 모르는 사이 습관이 되어 있었고, 평생 실천해보고 싶은 목표가 되었다.
 요즘도 나는 일찍 출근을 한다. 가정이 생기고 등교시켜야 할 아이들이 생기면서 일찍 출근을 못할 때도 많지만 가능하면 아이들보다 먼저 가서 교실 문을 열어 놓는다. 추운 겨울이면 히터를 틀어 따뜻하게 해 놓고, 더운 여름에는 미리 에어컨을 켜서 교실을 시원하게 한다. 봄과 가을에는 창문을 열어 신선한 공기를 교실로 들여놓는다. 제일 먼저 교실로 들어오는 아이의 이름을 부르며 인사를 하고, 아침밥은 먹었는지 잠은 잘 잤는지 아픈 데는 없는지 이런저런 이야기를 나눈다. 아이들 여럿과 함께 나누

는 이야기도 좋지만 둘이서만, 그것도 조용한 아침시간에 할 수 있는 소소한 이야기가 나는 좋다. 이런 것들이 나도 모르게 내 생활 속으로 들어왔고 어느새 행복이 되었다. 요즘은 아이들을 위해서가 아니라 나 자신을 위해서 일찍 출근을 한다. 텅 빈 교실 문을 제일 먼저 여는 재미. 교실의 불을 켜고 창문을 열고 밤새 잠들어 있던 교실을 깨우는 즐거움. 한 명 한 명 교실로 들어오는 아이들을 기다리는 행복함. 일찍 온 아이와 둘이서만 나눌 수 있는 비밀 같은 이야기의 소중함. 선생님과 둘이서 이야기를 할 때 아이 얼굴에 나타나는 즐거움과 신남과 진지함의 맛을 알아버렸고, 그 맛에 푹 빠져버렸다.

'아이들보다 먼저 학교에 가기!'
멋지지도 거창하지도 않지만 내가 세운 교육목표다. 다른 선생님들처럼 아이들에게 꿈과 희망을 심어주지는 못하겠지만 텅 빈 교실문을 열고 들어왔을 때 누군가 반겨주는 말이 내는 온기, 웃는 얼굴에서의 온기, 그런 소소한 교실에서의 따뜻한 온도를 지켜가는 것, 이것이 남은 내 교직생활의 목표다.

방학

"선생님들은 좋겠어요. 쉴 수 있는 방학이 있어서."
"방학이라고 쉬는 거 아니에요. 학교 출근해서 밀린 일도 하고요, 연수도 들어요. 튼튼캠프, 독서캠프도 있고 아이들과 함께 해야 할 일이 많아서 생각하시는 것만큼 못 쉬어요."

 저절로 툭 튀어 나왔다. 워낙 많이 들어서 머릿속에는 답변 매뉴얼까지 있다. 토요휴업일이 되기 전에는 방학이 길었지만 토요휴업일이 시행된 후부터는 방학의 여유로움을 느끼지 못할 때가 많다. 토요휴업일의 수만큼 방학 일수는 줄었고, 방학 중 해야 할 일은 점점 늘었다. 매일 출근하는 선생님들도 많다. 팔은 안으로 굽기에 교사인 나도 팔을 안으로 굽혀봤지만 솔. 직...히...... 방학 때 쉴 수 있어서 좋다. 다른 일을 하시는 분들께는 미안한 마음에 2학기를 위한 재충전의 시간을 보낸다며 스스로 위안을 삼는다. 그런데 이게 틀린 말은 아니다.

 선생님이 되고 맞은 첫 여름방학이 떠오른다. 토요일에도 4교시 수업을 할 때였다. 여름방학이 5주 정도 되었다. 방학 전부터 마음이 급했다. "유럽으로 떠나 볼까?", "전국 일주를 한번 해 봐?" 세계지도를 펼쳐놓고 여행 계획을 세웠다면 덜 억울했을지 모른다. 전혀 다른 계획으로 마음이 급했다. 학창시절 때 나름 학구파에 가까웠고, 교대를 다니면서 근면 성실의 중요성까지 알았다. 초임이었으니 아이들에 대한 열의와 한 학기를 보내면서 깨닫게 된 나의 부족함까지 더해졌다. 경북교육청 뿐 아니라 서울과 대전, 대구, 부산 등 전국 교육청의 연수 소식란을 싹 다 뒤졌다.

 '그래, 요즘 트렌드는 NIE야. 신문은 학교에 많으니 준비물도 필요 없고 이걸로 2학기 수업을 해 봐야지. NIE 연수 뭐 좋은 거 없나?'

 '방송에서 아이들이 음악줄넘기를 정말 멋지게 하던데. 아이들도 좋아할 거고 운동회나 학예회 때 하면 빛도 날

거야.'

'누가 뭐라 해도 독서가 최고지. 책 읽는 우리 반! 오~ 멋져 멋져!'

'과학을 내가 잘 못하니까 과학 실험 연수를 들어봐야겠어. 명색이 초등교산데 못하는 게 있으면 안 되지.'

진즉 이렇게 공부했으면 서울대 수석은 못하더라도 입학은 가능했을 것이다. 배움에 대한 갈증이 마음 깊은 곳에서 흘러넘쳤다. 차근차근 계획을 세웠다. 연수시간과 장소, 내용 등을 고려해서 받기로 한 연수는 5개. 5주 동안의 여름방학을 연수로 꽉 채웠다. 그래도 3~4일은 쉴 수 있었다. '연수 하나를 더 신청할까? 아니야, 그건 좀 너무해.' 내 연수 계획을 보신 교감 선생님께서 알 듯 모를 듯한 웃음을 보이시며 말씀하셨다.

"연수 받느라 방학을 다 보내겠네. 열심히 해, 열심히. 암 열심히 할 때지."

연수는 대체로 재미있고 유익했다. 몰랐던 내용을 배운다는 건 즐거웠다. 방학에도 쉬지 않고 아이들을 생각하는 선생님의 열정에 경의를 표한다는 강사 선생님들의 칭찬에 어깨가 으쓱해졌다. 며칠 쉬지 못한 것이 아쉬웠지만 2학기 준비는 확실하게 한 것 같았다. 2학기 체육은 무조건 음악줄넘기다. 재미있는 과학 실험으로 아이들의 꿈이 모두 과학자가 될 것 같았다. 국어, 수학, 사회는 NIE로 수업을 해서 학습능력이 올라갈 것이고, 이런 나를 보고 비결이 뭐냐고 다른 선생님들이 물어오겠지. 교육청에서 우수 교사로 뽑혀 사례발표도 하고, 어쩌면 방송에 나올지도 모른다. 어느 순간 스타 교사가 되어있을 내 모습을 떠올리며 혼자 씩 웃었지만…….

역시 계획은 계획일 뿐이었다. 현실은 이상과 다르다는 것을 알기까지 며칠이면 충분했다. 2학기 첫 수업시간. 12명의 반 아이들에게 NIE에 대한 설명을 했다. 이게 이렇게 공부하면 이것도 좋고, 저것도 좋고, 요것까지 좋아져서 나중에는 훌륭한 사람이 될 수 있어. 뭐 대충 이런 약장수 같은 말을 늘어놓았다. 교무실에서 가져온 한 무더기의 신문지를 아이들에게 나눠주었다. "자, 지금부터 오늘 배운 내용과 비슷한 내용을 찾아보세요!" 신문을 오리고 붙이고 꾸민다고 아이들이 바빠야 되는데……. 어? 뭔가 좀 이상했다. 내 말이 끝남과 동시에 들려온 말!
"선생님, 이거 어떻게 해요?"(아까 설명 다 했는데.)

"선생님, 이거 오려서 붙이면 돼요?"(그것도 아까 설명 다 했거든.)

"선생님, 지금 뭐 해야 돼요?"(아까 설명 안 듣고 뭐 했니?)

한 시간 내내 선생님! 선생님! 선생님! 소리만 들었다. 결국 폭발했다. "아까 설명할 때는 안 듣고 뭐 했어!"

접었다. 사용했던 신문지도 접었고, 내 계획도 접었다. 책상 정리 교실 정리하는 데 쉬는 시간까지 다 썼다. 혹시나 하는 마음으로 한 번 더 도전해봤다. "아까 설명할 때는 안 듣고 뭐했어!" 소리 지르며 같은 말만 한 번 더 했다.

그래도 희망이 있었다. 음악줄넘기가 아직 남았다. 노래 준비하고 운동장으로 나갔다.

"자, 음악줄넘기 기본동작을 알려줄게요. 이게 1번, 이게 2번……"

아이들이 잘한다며 박수를 쳤다. 이번에는 뭔가 될 것 같았다. 아이들이 좋아하는 체육이니 진지하게 열심히 할 줄 알았는데……. 웬걸, 난리도 이런 난리가 없다.

"선생님, 저 줄넘기 못하는데요."(3학년인데?)

"선생님, 현준이가 줄넘기로 저 때렸어요." (김현준! 어디 있어? 이리로 와. 빨리!)

"선생님, 줄이 너무 길어서 잘 안돼요. 좀 줄여주세요." (내가 보기엔 줄 때문이 아닌 것 같은데……)

음악줄넘기도 포기했다. 재미있는 과학실험도 끝냈다. 책읽기도 날아갔다. 다시 1학기 수업방식으로 돌아갔다. 내 여름방학이 통째로 날아가 버렸다. 그래도 혹시나 하는 마음에 한 번 더 도전했다. 겨울방학! 꽉 찬 연수로 방학을 보냈다.

몇 년의 노력 끝에 얻은 본인만의 노하우와 꾸준한 실천에 대한 결과물을 짧은 1~2시간의 연수에서 강사가 보여준 것이라는 걸 몇 년 더 교직경험을 쌓은 후에야 알게 되었다. 조금 따라하다가 '역시, 난 안 돼.' 스스로 자책하며 포기했으니 한심한 노릇이다. 교사마다 아이들 모습과 생활하는 환경, 생각들이 다 다르다는 것도 몰랐다. 강사가 함께한 아이들과 내가 있는 곳의 아이들은 다를 수밖에 없었고 또 당연히 달랐다. 강사가 보여준 결과물을 머릿속으로 그리면서 우리 반 아이들의 모습에 실망하고 불평만 했던 것이다. 그래서 꼭 필요하다고 느껴지는 연수가 아니면 요즘은 안 듣는다. 대신 책이나 우리 반 아이들의 모습을 떠올리며 나만의 방법을 찾으려 노력하고 있다.

언젠가 책에서 이런 유머를 읽은 적이 있다. 새 학년에 담임 선생님으로 어떤 선생님이 되면 좋은지에 대한 설문조사를 한 내용이다. 친구 같은 선생님, 차별하지 않는 선생님, 숙제를 내지 않는 선생님들 중 유독 내 눈을 사로잡은 선생님이 있었다. 방학 때 공부하지 않고 푹 쉬는 선생님! 방학만 지나면 새로운 수업방식을 배워 온단다. 그때마다 새로운 걸 배우고 따라하는 것이 너무 힘들다는 것

이다. 방학 때 아무것도 안 하고 집에서 푹 쉬는 선생님을 만나면 좋겠다는 아이의 바람이 적힌 내용. 웃기면서도 한편으론 서글펐다. 하지만 이 말 한 마디가 지금의 나를 위로해준다. 여름방학이 3일 밖에 남지 않은 지금, 끝나가는 방학의 아쉬움을 텔레비전과 함께 보내면서 그 아이의 말이 떠올라 혼자 씩 웃어본다.

그들에게서 배운다

 6학급의 작은 시골 학교에서 교직생활을 시작한 건 행운이었다. 큰 학교와는 달리 다른 선생님들의 관심도 많이 받았고, 이야기할 시간도 많았다. 봉화에서는 흔치 않은 신규 교사가 왔으니 걱정 반, 호기심 반이 더해졌을 것이다. '이 녀석이 일은 제대로 할까?', '시골 생활에 적응을 못해서 밤에 도망가진 않을까?' 당시는 매일 매일이 긴장의 연속이라 다른 선생님들이 잘 보이지 않았다. 낯설기도 했거니와 무서웠다. 모든 선생님들이 학창시절의 담임 선생님 같았다. 그분들께는 인사만 하고 교실로 올라갔다. 그런데 두 달, 석 달……. 시간이 지나면서 나를 막 끌어당기는 몇 분이 계셨다. '뭐지?' 무협지 속 무림의 고수들에게서 풍겨지는 아우라? 뭐 그런 느낌이 나를 툭툭 건

드렸다.

 가장 센 느낌의 고수는 4학년 선생님이다. 정병인 선생님. 키도 크시고 덩치도 좋으신 미남 스타일이다. 머리가 많이 벗겨지셨고 언제나 까만색 정장을 입고 다니셨는데, 정년퇴임을 몇 년 앞두고 계셨다. 호랑이처럼 무서웠지만 웃으시면 아이처럼 순박해 보였다. 선생님은 4학년을 맡고 계셨다. 3학년인 내 교실 바로 옆이었다. 화장실을 오가며 청소를 하며 다른 선생님들보다 더 자주 마주쳤다. 지저분하고 정리가 안 된 내 교실과 달리 선생님 교실은 언제나 깨끗했다. 교실 바닥에 먼지 한 톨 보이지 않았다. 선생님 책상도 깔끔했다. 그렇다고 아이들에게 청소를 시키지도 않았다. 본인이 빗자루와 걸레를 들고 청소하셨다. 선생님께서 내 교실에 오실 때마다 나는 안절부절 어찌할 바를 몰랐다. "송선생, 교실 정리 좀 하고 살아." 꾸중 비슷한 잔소리 한마디를 하실 줄 알았는데 선생님은 아무 말씀도 하지 않으셨다. 오히려 그게 더 부끄러웠다. 다짐도 수십 번 했다. '오늘은 꼭 교실 청소 좀 해야지.'

 선생님의 진정한 아우라는 아이들과의 생활에서 풍겨왔다. 손자 손녀를 대하듯 아이들을 대하셨다. 가끔씩 버럭 버럭 소리를 지르셔서 깜짝 놀라기도 했지만 선생님의 버럭 속에는 아이들에 대한 짙은 애정과 따스함이 느껴졌다. 연세가 많으셔서 컴퓨터를 다루는 일은 서투셨지만 아이들을 대하는 모습은 언제나 최고셨다.

 인사도 언제나 공손하게 하셨다. 내 나이 28살에 교사가 되고 난 후에 인사하는 법을 제대로 배울 줄은 꿈에도 생각하지 못했다. 교무실 문을 열고 들어서시며 허리를 굽혀 공손하게 인사를 하셨고, 막내 아들뻘 되는 내가 인사를 드려도 답인사로 허리를 굽히셨다. 선생님의 인사를 받으면서 황송해진 나는 자연스럽게 더 깊이 허리를 숙일 수밖에 없었다.

 내가 만난 두 번째 고수는 김창식 교감 선생님. 이 분도 머리가 약간? 아니 많이? 약간? 많이? 벗겨지셨다. 외모로만 봤을 땐 역시나, 무섭다! 아우라가 있으신 분들은 외모에서 풍기는 어떤 공통점이 있는 걸까. 어쨌든 나는 무서웠다. 하지만 이 분 또한 웃으시는 모습이 정말 인자해 보였다. 실제로도 그러셨다. 본인보다는 내 입장을 먼저 생각해주셨고 내게 작은 도움이라도 주기 위해 애쓰신다는 걸 시간이 흐른 뒤에 알았다. 특히 아이들 교육활동에 필요하다면 어떤 부탁이든 흔쾌히 들어주셨다. 학교의 관리자니까 그렇겠지 하고 당연하게 생각했었는데 교감 선생님은 다른 학교로 전근을 가셨어도 한결같았다. 언젠가 아이들을 데리고 봉화군 육상대회에 나갔을 때였다. 점심시간에 아이들과 내가 있는 천막으로 찾아오시더니 대뜸 내 손에 돈 3만원을 쥐여주시는 것이 아닌가. "얼마 안 되지만 아이들 시원한 거라도 사줘." 아, 저 모습 멋지다 완전 멋져!

또 한 번은 6교시 수업을 마쳤을 때다. 역시 학교를 옮기시고 난 후였다. 학교에서 한 명씩 해야 되는 수업연구교사를 할 때였고, 공개수업 하루 전날이었다.

"송선생, 공개수업 내일이지? 긴장하지 말고 잘 해. 끝까지 못 챙겨주고 와서 미안해." 이게 뭐지, 이게 뭘까. 이것도 멋지네. 잊지 말고 배워둬야지.

마지막 주인공은 선생님은 아니다. 학교라는 공간을 같이 꾸려가고 이끌어가는 교무행정 일을 하시는 분인데 나는 그 분을 선생님이라고 불렀다. 나보다 7~8살 많으신 여자 분으로 배윤숙 선생님이다. 다행히 이 분은 머리가 안 벗겨지셨다. 무섭지도 않았다. 항상 웃으시며 지냈고,

어떤 일이든 주어진 일은 능수능란하게 하셨다. 사실 이 분도 처음엔 어려웠다. 처음 보는 사람들과 금방 친해지지 못하고 거리를 두는 소심하기 짝이 없는 내 성격은 어딜가나 표가 난다. 딱히 할 말도 없었다. 그런데 아쉬운 쪽은 언제나 나였다. 교무실에 뭐가 어디에 있는지도 몰랐고, 공문 발송이니 복사니 코팅이니 하는 것들을 물어볼 분이 선생님 밖에 없었다. 교감 선생님도 계셨지만 무서웠다. 아무래도 편한 쪽은 배윤숙 선생님. 이러저런 일로 부딪히다 보니 조금씩 편해졌다. 이야기도 조금씩 나눴다. 편해졌고 좋았다. 언젠가부터 이 분은 내가 '어린왕자'를 닮았다고 하셨다. 처음에는 기겁을 했다. 그게 무슨 막말이냐고, 사람을 놀리면 안 된다고. 그래도 굴하지 않으셨다. 어린왕자라는 말이 내 머릿속에서 잊힐 만하면 잊고 지내던 내 존재를 일깨워주셨다.(진짜 내가 어린왕자?) "어린왕자야, 어린왕자 닮았다니까!" 지금도 그러신다. "선생님은 내가 느낀 어린왕자랑 닮았다니까, 이젠 늙었지만."

실수투성. 어설픔. 어리바리. 미숙함. 과잉 열정······.

처음 몇 해 동안의 교직생활을 돌아보면 떠오르는 단어들이다. 부끄러움이 앞서지만 슬며시 미소도 지어진다. 어떻게 그 시절을 별 탈 없이 보낼 수 있었을까. '처음인데 뭘.', '처음은 누구나 다 그래.'라는 말처럼 '처음'이라는 말은 자기 자신에게 든든한 보호막이 된다. 그런데 '처음'에 아무도 없이 혼자였다면 어땠을까 하는 생각을 해 본다. 실수가 실수인 줄 알까, 넘어졌을 때 웃으며 일어날까. 그래, '처음'을 웃으며 떠올릴 수 있는 건 그때 난 혼자가 아니었기 때문이다. 행동으로 모범을 보여주신 선생님이 계셨고, 나를 응원해주며 힘을 북돋아주신 분이 계셨고, 웃으며 도와주는 많은 사람들이 있었기에 잦은 실수를 하면서도 한 발짝 앞으로 내디딜 수 있었던 것 같다. 그런 것들이 쌓이고 쌓여서 훌쩍 자란 모습의 오늘날의 내가 된 것이다.

작년에 학교를 새로 옮겼다. 이전 학교와는 달리 새로운 학교에는 교직 경력이 몇 년 되지 않은 신규 선생님들이 몇 분 있다. 초임 시절 내가 받은 관심과 사랑을 전해주고 싶어 기회를 엿보고 있는데 요즘 신규 선생님들은 구멍이 없다. 청소면 청소, 수업이면 수업, 업무면 업무, 무엇하

나 빠지는 것 없이 다 잘한다. 아이들과도 어찌나 잘 지내는지 오히려 그들에게서 내가 배우고 있다. 결국 나는 또 배우는 존재가 되었다. 교사라는 직업이 가르치면서 배우고, 평생 배워야하는 직업이라지만 어떻게 된 게 나는 계속 배우기만 하는지. 누군가에게 공손하게 인사를 하고, 따뜻한 말을 건네고, 학교생활의 노하우를 알려줘야 할텐데 언제쯤 그렇게 될까. 그럴 기회는 있을까.

  글을 쓰다보니 갑자기 초임 시절의 선생님들이 생각난다. 오늘은 퇴근길에 전화 한번 드려야겠다.

고마워요, 선상님!

 신규 발령을 받고 4년 만에 학교를 옮기게 되었다. 많이 망설였다. 학교도 아이들도 이 곳에서 알게 된 사람들도 정이 듬뿍 들었다. '1년 더 있을까?' 며칠을 고민할 만큼 첫 정은 그만큼 무서운 것이었다. 그때 떠오른 시의 한 구절. 떠나야 할 때가 언제인지를 알고 떠나는 이의 뒷모습은 얼마나 아름다운가. 맞다. 떠나야 할 때가 되었다. '갈 때까지 가서 안 좋은 모습은 보이지 말자.'
 희망했던 학교로 인사발령이 났다. 30명 밖에 되지 않지만 전교생 앞에서 작별 인사도 했다. 선생님들께서 송별회를 해 주셔서 술도 한잔 마셨다. 친한 분들과는 따로 시간을 내어 차를 마시며 지난 이야기로 웃음꽃도 피웠다. 교실 정리도 마쳤다. 마지막으로 학교를 천천히 둘러보았다. 첫 6개월 동안 선생 김봉두라고 스스로 착각하며 지냈던 사택은 일 년 전에 철거되어 사라졌다. 사택이 있던 자리를 바라보는데 피식 웃음이 났다. 운동장 조회대에 누워서 밤하늘의 별을 보던 때가 생각났다. 정을 가장 많이 쏟았던 학교도서관. 내가 없어도 무럭무럭 잘 자라길. 감상에 한껏 젖어있는 나를 핸드폰이 깨웠다.
"선상님, 퇴근 했어요?"
"아니요 아직요, 이제 하려고요. 네, 네, 좀 있다 뵐게요."

성규 할머니시다. 퇴근길에 잠깐 들렀다 가란다. 몇 번 뵙기는 했지만 웬일인가 궁금하면서도 잘됐다 싶었다. 성규를 통해 학교를 옮긴다는 말을 들으셨겠지만 성규 할머니께는 직접 뵙고 말씀드리고 싶었다. 달빛도서관을 운영하면서 성규를 집 근처까지 태워다 주긴 했지만 집으로 찾아간 건 처음이었다.

첫 발령을 받은 3학년 교실에서 성규를 만났다. 통통하고 까무잡잡한 피부에 여느 남자아이들처럼 얼굴에는 장난기가 가득했다. 3학년이었지만 농담이 통했고, 공부도 잘해서 금방 눈에 띄었다. 그렇다고 따로 관심을 두거나 그러지는 않았다. 학생을 성적으로 차별하지 않고 공정하게 대하는 초임 교사였으니까. 성규 할머니를 처음 뵌 건 그해 가을운동회 때였다. 허리가 많이 굽으신 할머니 한 분이 운동회 준비로 정신없는 내게 다가오셨다. '누구시지?' 잠시 머뭇머뭇 하는데 대뜸 내 손을 꼭 잡으셨다. "아이고, 선상님! 우리 성규 잘 부탁드리요." '아! 성규 할머니시구나.' "선상님이 키도 크고 잘 생기셨네. 성규가 우리 선상님 좋다고 자랑하더니만 그 말이 딱 맞네요, 맞아. 암튼 우리 성규 잘 부탁드리요." 굽은 허리를 더 굽히시며 인사를 하셨다. 성규는 인천에서 살았단다. 부모님의 사업 실패로 일 년 전인 2학년 때 동생 민선이와 함께 시골 할머니 집에 맡겨졌단다. 당시에는 IMF의 영향으로 시골에 조손가정이 많을 때여서 성규의 사정이 특별하게 생각되지도 않았다.

학교에 오실 때면 할머니는 꼭 나를 찾아오셨다. 학년이 바뀌었고 더 이상 성규의 담임이 아니었는데도 내 손을 꼭 잡으시며 허리를 굽히셨다. "아이고, 선상님. 잘 가르쳐줘시 고마워요. 우리 성규가 선상님 좋다고 얼매나 이야기를 하는지 몰라." 이상한 일이다. 할머니의 인사를 받을 때마다 쑥스러움과 함께 마음속에선 무언가 꿈틀거림이 느껴지는 건. 나는 그게 뭔지도 모른 채 감사한 마음만 가지고 있었다. 그런데 그날은 성규 할머니가 내 마음속으로 확 들어와 버렸다.

"할머니, 안녕하세요?" 오래된 나무 대문을 밀며 집 안으로 들어섰다. 마당까지 내려오신 할머니는 내 손부터 꼭 잡으셨다. "아이고, 선상님. 이리 누추한 곳까지 오시라고 해서 미안혀요. 알다시피 내가 다리가 아파서 갈 수가 있어야지. 그래서 잠깐 오라고 했어요." 부엌 한쪽 적당한 곳에 앉았다.

"성규가 선상님 덕분에 잘 자라서 초등학교 졸업까지 했어요. 아이고 감사해요. 처음 봤을 때 키도 크고 얼굴도 뽀얗고 해서 눈에 쏙 들어오디만 성규하고 잘 지내줘서 정말 감사해요. 가진 것도 없이 성규를 키우고 있지만 고마움은 알아요. 감사해요. 이번에 학교 옮긴다고 들었어요. 어데로 가요? 거기 가서도 건강하게 잘 지내고, 우리 성규도 잊지 말고 가끔 놀러와요."

할머니의 말씀을 가만히 듣고 있었다. 내가 고마운 사람이었나? 성규에게 잘 해줬나? 아닌데……. 할머니는 왜 자꾸 감사하다고 말씀하실까? 지금 같았으면 넉살좋게 웃으며 화제를 돌렸겠지만 그때는 민망함과 어색함에 그저 네…아니에요… 이 말만을 반복했다. 정말 감사했다. 담임도 아닌 사람을 잊지 않은 것도 감사했고, 직접 커피 한 잔 타주신 것도 감사했고, 과한 칭찬으로 내 자존감을 한껏 높여주신 것도 감사했다. 감사한 쪽은 오히려 내 쪽이었다. 볼 때마다 할머니가 꼭 잡아주신 손의 따뜻함과 기분 좋은 칭찬이 선생으로서 아이들과 잘 지내라는 응원과 격려였다는 것을 시간이 지난 후에야 알았다.

"선상님, 이거 가져가요. 혼자 살민서 끼니 거르지 말고 밥 꼭 챙기묵고요. 우리 형편에 뭐라도 해 드리고 싶은데 그러지는 못해요. 성규 잘 봐줘서 감사해요."

배가 터질 듯이 불룩 솟은 라면 상자. 거기에는 온갖 종류의 반찬이 담겨져 있었다. 김장김치, 무말랭이, 깻잎절임, 땅콩볶음, 멸치볶음

깍두기. 두고두고 오래 먹을 수 있는 밑반찬들이었다. 집에서 사용하던 반찬통이나 비닐봉지에 담지 않고 새 반찬통에 가지런히 담겨 있었다. 어떤 말도 생각나지 않았다. 어떤 말도 할 수가 없었다.

　나의 초임시절과 첫 학교를 떠올리면 아니 교직생활을 떠올릴 때면 가장 먼저 떠오르는 분은 바로 성규 할머니시다. 이런 분을 초임시절에 학부모로 만났다는 건 내겐 큰 행운이었다. IMF로 갑자기 맡겨진 손자 손녀를 부모보다 더 큰 사랑으로 가르치고 키우신 것을 내 눈으로 보았다. 가정형편은 넉넉하지 못했지만 할머니의 사랑을 듬뿍 받은 성규와 민선이는 착하고 바르게 자랐다. 성규는 어엿한 직장인이 되어 서울에서 직장생활을 하고 있으며, 민선이는 대학교를 다니고 있다. 그날 이후, 할머니가 문득 보고 싶거나 학교생활에 힘들고 지친 날이면 나는 할머니를 찾아갔다. 할머니는 늘 같은 말로 반겨주신다.
"아이고, 고마워요 선상님. 선상님 덕분에 우리 성규가 지 밥벌이하며 지금 이맨치라도 잘 살고 있어요."
　'고마워요 선상님!'
　어쩌면 나는 이 말이 듣고 싶었는지도 모른다. 모든 선생

님들을 응원해주고 격려해주고 위로해주는 그 말 한마디가 나는 필요했고, 그 말을 아낌없이 넉넉하게 할머니는 내게 나누어 주셨다.

 이젠 나이가 많으셔서 여기저기 안 아픈 데가 없다는 할머니. 성규와 민선이도 잘 자랐고 이젠 본인 건강만 살피시면 좋으련만 오늘도 할머니는 걱정 한보따리를 내게 풀어놓으신다. "우리 성규가 연애도 하고 결혼도 해야될 낀데 없는 집에서 사다보니 얼매나 짠돌인지 몰라요. 연애나 할 수 있을랑가 모르겠어요.", "요즘 취직하기가 힘든데 민선이가 졸업하고 얼릉 직장에 들어가야 될 건데요." 덧붙여 내 걱정까지 잊지 않으시고 해 주신다. "삼남매는 잘 크고 있지요? 내가 매일 새벽기도를 해요. 그때마다 우리 선상님 아프지 말고 하시는 일 다 잘 되게 해 달라고요." 그 말을 들을 때마다 난 차마 밖으로 꺼내지 못하고 속으로만 이렇게 중얼거렸다.

'할머니! 지금까지 성규, 민선이만 키운 게 아니라 저도 바르게 잘 키워주셨습니다. 고맙습니다.'

교문 밖에 서 보니

새벽 3시.

휴대폰 알람소리에 번쩍 눈이 떠졌다. 밥솥에 밥부터 안쳤다. 저녁에 미리 해 놓은 밥은 맛이 덜하다. 당근을 씻어서 채를 쳤다. 칼질은 서툴고 두께는 들쭉날쭉. 당근 하나를 채 치는 데 삼십 분이 걸렸다. 햄, 게맛살, 어묵을 꺼내 적당한 크기로 썰고 잘랐다. 계란을 풀어서 지단을 부치고, 준비한 재료들을 차례대로 프라이팬에 덜덜 볶는데 한 시간이 훌쩍 지났다. 그 동안 밥은 다 되어 있었다. 넓은 양푼에 밥을 담아 식히는 동안 단무지와 참치를 꺼냈다. 마요네즈, 치즈도 준비했다. 맛소금으로 밥에 간을 하고, 참기름을 듬뿍 넣어 살살살 비볐다. 맛을 보니 음~ 나쁘진 않았다.

새벽 4시 반.

드디어 김밥을 말았다. 첫째 아이는 치즈 김밥을 원했고, 둘째 아이는 참치 김밥을 원했다. 연습 삼아 김밥 하나를 말았다. 아이들이 소풍을 갈 때마다 아내와 장모님을 거들면서 김밥을 싸보기는 했지만 혼자 하기는 처음이었다. 이게 뭐라고 가슴이 쿵쾅거리며 긴장이 됐다. 침착하게! 천천히! 스스로에게 주문을 걸었다. 치즈 김밥. 김밥 전문점에서 김밥을 사 먹을 때마다 어깨너머로 본 기억을 떠올렸다. 치즈를 반으로 접어서 가른 다음 밥 위에 올려놓고 말았다. 그럭저럭 말리긴 했지만 두툼했다. 자신감이 붙었다. 다음은 참치 김밥. 어, 뭔가 이상했다. 맛있으라고 참치를 듬뿍 넣고 마요네즈도 듬뿍 넣었다. 김밥을 둘둘 말 때까지는 나름 괜찮았는데 다 말고 보니 마요네즈는 김밥의 양 끝 쪽으로 뚝뚝 떨어졌고, 김은 물에 젖은 것처럼 흐물흐물해졌다. 다시 말았다. 역시나 똑같이 흐물흐물. 순간 스치는 생각 하나. 맞다 깻잎! 깻잎을 안 넣은 것이다. 마요네즈와 참치를 감싸줄 옷을 입히지 않았으니 그럴 수밖에. 하지만 늦었다. 깻잎을 살 수 있는 시간도 아니고 그렇다고 안 쌀 수도 없었다. 흐물흐물해진 참치 김밥을 몇 개 더 말았다.

 새벽 5시 반.

 메추리알 병아리를 만들었다. 소풍을 갈 때마다 아내가 만들어주던 스페셜 음식인데 아이들이 무척이나 좋아했다. "아빠, 메추리알 병아리도 꼭 만들어 줘! 친구들과 나눠 먹게 많이 만들어." 메추리알에 검정깨 두 개를 눈으로 붙였다. 당근을 작게 조각내서 닭 벼슬과 코를 만들었는데 당최 이게 닭인지 오린지 알 수 없는 얼굴이 되었다. 다시 했지만 역시나 병아리 얼굴은 나타나지 않았다. 한 개도 못 만들었는데 시계는 벌써 여섯 시를 가리켰다. Give up! 빨리 포기하는 것도 지혜다.

 새벽 6시 12분.

 이번엔 비엔나소시지 문어를 만들었다. 비엔나소시지 끝부분을 더하기 모양으로 잘라서 다리를 만들고 눈으로 치즈와 검은깨를 붙이면 끝. 이건 비엔나소시지를 프라이팬에 뒹굴린 다음 따뜻할 때 빨리 눈을 붙이는 게 포인트다. 그래야 치즈가 살짝 녹아서 문어의 눈처럼 딱 달라붙는다. 몇 개 만들었는데 손이 느려서 그런지 치즈가 계속 떨어졌다. 식어버린 소시지를 한 번 더 프라이팬에 뒹굴렸다. 어라, 소시지 한 쪽 면이 까맣게 탔다. 잠시 고민. 하지만 이건 포기할 수 없다.

아침 7시

도시락을 쌌다. 두툼한 보통 김밥과 더 두툼한 치즈 김밥 그리고 흐물흐물한 참치 김밥 중 그나마 모양이 나은 걸로 골라 도시락 하나를 쌌다. 다른 통에는 비엔나소시지 문어와 방울토마토를 넣었다. 처음 싼 도시락은 첫째 아이 선생님께 드릴 도시락이다.(김영란법이 시행되던 그 해, 시행 몇 달 전이었다.) 둘째는 그날 감기가 걸려서 소풍을 가지 않고 집에서 나랑 소풍 놀이를 하기로 했다. 천만다행이다. 전날 잠자기 전에 첫째 아이가 선생님 도시락도 주문하길래 "그래, 그까짓 거 도시락 하나 더 싸면 되지. 해 줄게." 큰소리친 나를 잠깐 나무랐다. 그래도 그중에서 나은 걸로 골라 담았는데 도시락을 펼쳐보신 선생님은 어떤 생각을 하실까? '이런 걸 어떻게 선생님에게 보낼 수가 있지?' 걱정된 마음에 아빠가 처음 싼 김밥이라는 쪽지도 함께 넣었다.

아침 7시 40분.

늦었다. 소풍날이라 이미 아이들은 일어나 있었다. 도시락을 싸고 남은 김밥을 접시에 담아 아침밥으로 주고 도시락 가방을 챙겼다. 최대한 깔끔한 옷을 입히고 용돈도 좀 챙겨주었다. 선생님 도시락은 종이가방에 따로 챙겨서 첫째 아이 손에 들려서 보냈다.

 휴, 아침 8시 32분

 싱크대에 산더미처럼 쌓인 설거지가 기다리고 있었다. 엉망이 된 주방과 식탁. 감기 때문에 소풍을 가지 못한 둘째랑 하루 종일 소풍놀이를 하는데 새벽부터 설친 탓에 하품만 계속 나왔고 잠은 쏟아졌다. 잠깐 눈이라도 붙이고 싶은 마음은 굴뚝같았으나 아이가 틈을 안 주었다.

 그날 저녁 8시쯤.

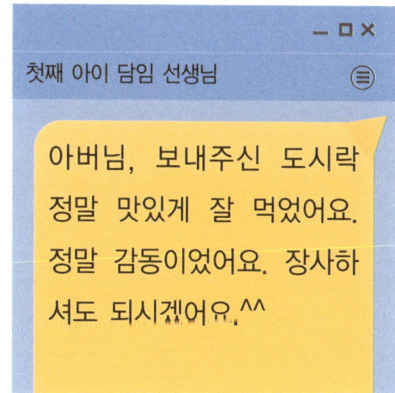

 첫째 아이 담임 선생님께서 문자를 보내주셨다. 선생님의 문자 한통이 내 걱정에 마침표를 찍어주었다. 피곤이 몰려와서 멍했지만 기분 좋게 하루를 마무리할 수 있었다.

 지금 나는 휴직 중이다. 첫째 아이가 2학년, 둘째 아이가 유치원 다닐 때였다. 셋째 아이 출산을 위해 아내가 서울 친정에 가고 아이 둘과 함께 보낸 지 두 달이 지났다. 교문 안에서만 매일 지내다가 학교를 쉬는 동안 교문 밖에 서서 처음으로 학교라는 공간을 바라보게 되었다. 분명 같은 공간임에도 낯설게 다가왔다. 학부모에게 교문은 참 들어가기 어렵고 조심스러운 곳이라는 걸 아침에 아이를 학교에 데려다주면서 알았다. 교문 밖에서 손을 흔들며 교문 안으로 들어가는 아이의 뒷모습을 한참 동안 보면서 교문 안 내 아이의 하루가 얼마나 궁금했을까? 지금까지 소풍 때 아이들이 들고 온 학부모 도시락의 고마움도 서툰 도시락을 싸면서 깨달았다. 몇 번의 망설임 끝에 제일 잘 싼 김밥만 골라서 도시락을 채워 보냈을 마음을 김밥을 싸면서 알게 되었다.
 내가 서 있는 곳이 바뀌었을 뿐인데 내 눈에 보이는 많은 풍경들이 달라 보였다. 알지 못했던 것을 알게 되었고, 느끼지 못했던 것에 소중한 무언가가 숨어있다는 것을 알았다. 학교를 떠나보지 않았다면 알지 못했을 것들을 알게 되었다. 학부모의 자리에서 서툴게 싼 김밥 도시락이 참 고맙고 오래오래 기억에 남는다.

확 때려치우고 싶을 때, 아직은 없다

유별나게 힘든 학생을 만난 적도 없고, 막무가내 학부모를 만난 적도 없었다. 방송에서 볼 수 있는 교권침해의 경우를 아직까진 경험해 보지 않았다. 산골 작은 학교에서 오래 생활한 덕분이다. 내가 만난 아이들은 순수했다. 학부모들도 그랬다. 내가 어릴 때 생활했던 시골 그때만큼은 아니지만 그래도 시골만의 여유로움은 남아있다. 산과 들로 둘러싸인 아름다운 자연이 주는 여유로움 때문인가. 이런 걸 느낄 때면 경제적 풍요로움과 편리함이 반드시 좋은 것만은 아니라는 것을 느낀다. 오늘도 공문이 내려왔다. 상반기에 한 번, 하반기에 한 번 오는 공문. "명퇴 신청 받습니다." 몇 년 전까지만 해도 나와는 전혀 상관없는 일이라 생각하며 살펴보지도 않았는데 요즘은 슬쩍슬

쩍 눈이 간다. 나이가 들기 때문일까? 이런저런 생각으로 머릿속이 복잡해질 때가 있다.

 교직 생활을 처음 시작할 때부터 이런 생각을 갖고 있었다. '아이들과 즐거운 마음으로 놀지 못할 때가 되면 미련 없이 학교를 떠나야지.' 어릴 적부터 정말 되고 싶었던 초등학교 교사였다. 꿈이 뭐냐고 누군가 물어보면 망설임 없이 초등학교 선생님, 시골 초등학교 선생님이라고 했다. 간절히 원했던 만큼 내가 가고자했던 교사의 길에 대한 나름의 생각도 가지고 있었다. 이 길이 아니라는 생각이 들면 미련 없이 떠나겠다는 것. 지금도 물론 유효한 생각이다. 단지 아직은 생각으로만 가지고 있을 뿐이다.

 내가 좋아하고 친구처럼 지내는 유치원 선생님이 있다. 나이는 나보다 열 살 많다. 선생님은 어떤지 모르겠지만 나는 친구라고 생각한다. 비슷한 부분이 많다. 사람이 별 재미없고, 책을 좋아한다. 많은 사람이 한자리에 모이는 것을 좋아하지 않고, 만나는 몇 명의 사람들만 꾸준히 만나는 것도 비슷하다. 외모를 애써 꾸미지도 않고 약간 소심한 성격도 닮았다. 남들 앞에서는 힐 밀노 살 못하고, 혹시 말을 했다면 돌아서서 내내 걱정하는 성격도 비슷하다. 나름 친하다면서 서로 연락 잘 안 하는 것도 닮았다. 하지만 마음으로는 서로를 걱정하고, 생각하고 있다는 것도 똑같다. 무엇보다 교육에 대한 생각이 비슷해서 좋았다. 선생님도 언젠가부터 입버릇처럼 그러셨다. "아이고, 이제는 그만할 때가 된 것 같아. 아이들하고 있는 게 죄를 짓는 거 같네." 괜히 하는 말이라고 생각했는데 어느 날 선생님의 이름을 명예퇴직하는 교사들 공문에서 보게 되었다. 전화를 했다. '드디어 실천하셨구나.' 놀라진 않았지만 아쉬운 마음이 들었다.

  며칠 후에 선생님을 만났다. 선생님과 비슷한 생각을 갖고 있던 나는 선생님의 마음이 이해되었다. 선생님도 나의 이런 생각을 알고 있을 것이다. 명퇴하고 나니까 홀가분하다고 하길래 다른 말은 묻지 않았다. 잘 하셨다고, 앞으로 여행도 다니시며 즐겁게 보내시라는 응원만 해주었다.

  초등학교와 유치원의 다름이 있었지만 난 선생님이 좋았다. 아이들을 대하는 모습을 보면 절로 미소가 지어졌다. 선생님이 보여주신 교직의 마지막 모습도 훌륭한 가르침으로 다가왔다. 가지고 있는 재산이라도 많았으면 선생님의 명예퇴직이 이렇게 안타깝게 생각되지 않을 건데 선생님은 가진 재산도 별로 없다. 큰 고민 없이 학교만 다녀도 연봉이 꽤 될 텐데 그걸 포기했다. 돈에 신경 쓰지 않고 미련 없이 떠나는 모습, 교사로서 자기 스스로를 돌아보는 모습은 닮고 싶은 모습으로 다가왔다. 생각을 말로는 할 수 있지만 행동으로 옮기는 것이 어디 쉬운 일인가. 팍팍한 일상은 언제나 행동으로 옮기는 것을 주저하게 한다. 선생님의 모습을 본 것만으로도 내게는 교직 생활의 또 다른 목표가 생겼다. 과연 난 그럴 수 있을까?

  2020년 올해는 코로나19로 인해 겪어보지 못한 해를 경험하고 있다. 3월 개학이 되지 않았고, 4월 중순이 되어서야 온라인으로 개학을 했다. 6월부터는 등교수업을 했지만 그것도 반쪽자리 수업인 이부제 삼부제 수업으로 진행되었다. 교육부 지침은 급변하는 상황에 따라 일방통행으로 내려왔고, 현실은 우왕좌왕하며 길을 잃었다. 교육공동체 안에서 길을 찾으려는 노력은 계속 되었지만 뚜렷한 길은 보이지 않았다. 그 길은 모두가 처음 가보는 무척 낯선 길이었다. 그나마 변화에 빠르게 적응하는 사람들은 젊은 선생님들이었다. 그들은 열정도 있었다. 나 같이 컴

퓨터를 능숙하게 다루지 못하고 온라인 기기 사용에 익숙하지 못한 사람에게는 적잖은 스트레스였다. 신규 때보다 열정도 많이 사그라들었다. 젊은 선생님들의 반 아이들보다 우리 반 아이들이 많은 피해를 보는 것 같아 괜히 미안해졌다. 수십 번을 고민했다.
 '아, 이제 그만둘 때가 되었나 보다. 아이들에게 피해 주지 말고 그냥 떠날까?'
 하지만 현실이 생각을 막았다. 한 집안의 가장이다. 아내가 직장을 다니고 있지만 집에는 돌보아야 하는 아이들이 셋이다. 아직 어리다. 다른 직장을 알아보고 수입을 대충 계산해봤다. 무모한 생각이다. 요즘 같은 시대에 취직이 되기보다는 백수가 될 확률이 훨씬 높았다. 결국 생각을 포기하지는 않았지만 현실적으로 유예를 선택할 수밖에 없었다. 어떻게든 버티기로 했다. 모르는 것이 있으면 조금씩 배워가면서 나도 바뀌어가면서. 시대를 따라가는 것도 중요하지만 내가 가진 장점을 살려가며 버텨보기로 했다. 현실적인 문제도 있지만 몇 번을 생각해봐도 교실에서 아이들과 지내는 것은 내게 기쁨이다. 아직은 아이들과 공을 차며 재미있게 놀 수 있고, 그들의 이야기를 들어

줄 수 있기 때문이다. 아이들 중에서 작가가 되고 싶은 아이가 있다면 그 아이에게만은 도움을 주고 이끌어줄 수 있을 것 같다. 무엇보다 내가 이 일을 더 하고 싶다. 그날 만났던 유치원 선생님의 말이 생각난다.
 "니는 그만 둔다는 쓸데없는 생각하지 말고 끝까지 다녀. 나는 키워야할 아이가 없잖아. 그래서 미련없이 그만둘 수 있었어. 농사짓고 연금 나오는 거로 그럭저럭 살아갈 수 있지만 니는 아니데이. 아직 키워야할 아이들이 셋인데 괜히 쓸데없는 생각하지 마라."
 맞다. 마지막까지 내게 가르침을 주셨다. 아이들과 놀아주기 힘들다고 죄짓는 것 같다고 명퇴를 하신 그 모습도, 내 생각에 대한 현실적인 충고도 소중한 가르침이다. 명퇴하신 그 모습은 마음속에 고이 담아두고, 현실적인 충고는 받아들여서 행동으로 실천하는 것. 지금 내게는 그게 최선이겠지.

나의 키다리 아저씨 아니,
키다리 편집장님

  9월이면 생각나는 사람이 있다. 그 사람과 나는 한 번도 만난 적이 없다. 내가 아는 건 성별이 여자라는 것, 이름 석 자, 출판사 편집장이라는 직업이 전부다. 알고 지낸지는 4년 정도인데 전화 통화만 두어 번 했다. 문자는 몇 번 주고받았는데 일방적으로 내가 연락을 하면 그 분이 답장을 보내오는 식이었다. 내가 하고 싶은 일을 마음껏 할 수 있게 도와주는 나의 키다리 아저씨, 아니 키다리 아줌마 같은 존재. 독서의 달인 9월이 되면 그 사람이 꼬박꼬박 생각나는 이유이다.
  선생님이 되고부터 오랫동안 학교에서 독서관련 일을 했다. 내가 제일 잘 할 수 있는 일, 책이 좋아서 시작한 일이었다. 책에 푹 빠져있는 아이들을 바라보는 것만으로도 흐뭇했고, 내가 추천한 책이 재미있다는 말을 들으면 괜히 기분이 좋았다. 물론 그런 아이가 많지 않은 게 문제였다. 그래서 고민했다. '어떻게 하면 아이들이 책과 친구가 될 수 있을까?' 뚜렷한 방법이 떠오르지 않았지만 그렇다고 포기하지 않았다. 워낙 책을 좋아하는데다 책 하나만큼은 아이들에게 억지로라도 한번쯤 읽히고 싶었다.
'책 나눔 운동'

 내 눈에 딱 띈 이 글자. 우연히 참가하게 된 독서연수에서 눈이 번쩍 떠졌다. 책읽기와 기부를 연결한 책 나눔 운동이라니! 한 달 동안 반 아이들 또는 전교생이 책을 읽으면 읽은 책의 수만큼 새 책으로 구입하여 지역 아동센터나 공부방 등 필요한 곳에 책을 기부하는 프로그램이었다. 독서의 달에 하면 딱 좋을 것 같았다. 아이들은 책도 읽지만 평소 경험하기 쉽지 않은 기부에도 직접 참여해볼 수 있고, 지역 아동센터나 공부방에 직접 찾아가 책을 기부할 때의 기분도 느낄 수 있는 좋은 행사였다. 기부 받는 곳도 책을 선물 받으니 좋을 것 같았다. 무엇보다 행사의 목적을 설명하면 아이들이 자발적으로 책을 더 가까이할 것 같은 느낌이 들었다. 그 당시 인기리에 방영되고 있던

프로그램 〈무한도전〉의 장기 프로젝트처럼 우리 학교, 우리 반의 〈무한도전〉이라 하여 아이들의 흥미도 높일 수 있을 것 같았다.

　결과는 성공적이었다. 뜻깊은 행사라며 학교에서도 책 50권을 지원해 주었고 아이들도 열심히 참여했다. 한 달이라는 시간이 지나기도 전에 목표치에 도달하여 책 50권을 기부할 수 있었다. 여러 독서행사 중 마음에 쏙 드는 행사였다. 아이들의 반응도 점점 적극적으로 바뀌었다. 이런 모습을 보니 욕심이 더 생겼다. '어떻게 하면 책을 더 많이 읽히고 더 많이 기부할 수 있을까?'

　기부는 받는 사람보다 하는 사람이 더 행복해진다는 말을 아이들의 표정을 보면서 알게 되었다. 책 나눔 운동은 내가 선생님으로 있는 한 끝까지 실천해 보고 싶을 만큼 반해버렸다. 그런데 문제가 있었다. 내가 독서업무를 맡고 학교에서 행사를 지원해주면 별문제 없이 진행할 수 있지만 그렇지 않을 땐 행사를 진행하기가 어려웠다. 당장 다음해부터 독서업무를 맡는다는 보장이 없었고, 적지 않은 학교 예산을 사용해야 하는 만큼 그 책값을 어떻게 마련해야 할지 걱정이 되었다. '내 돈으로 책을 살까?', '학부모들에게 지원을 받아볼까?' 둘 다 좋은 방법은 아니었다. 기부를 할 때는 기부자가 부담없이 기쁜 마음으로 해야 되는데 그렇게 안 될 것 같았다. '아이들에게 기부 받을까?' 역시 고개를 저었다. 기부 받은 대부분의 책이 구입한지 오래된 책, 집에서 안 읽는 책일 거라는 것을 경험상 알고 있었다. 책 수급 문제에 꽉 막혀 고민하고 있을 때 그 분을 알게 되었다.

　작가와의 만남을 하러 우리 학교에 오신 작가분과 이야기를 하다가 책 나눔 운동에 대해 주절주절 하소연했다. 계속 해보고 싶은 행사인데 아쉽다고 했더니 연락처를 하나 건네주셨다. 본인이 먼저 말을 해 놓을테니 내년 행사를 할 때 연락을 해 보라고. 이런 의미있는 행사가 계속 이어지기를 작가인 나도 바란다고. 일선에서 열심히 뛰고 계시는 선생님들이 계셔서 우리 같은 작가가 계속 글을 쓸 수 있는 것이라며 용기까지 주셨다.

　연락을 할까 말까 많이도 망설였다. 모르는 사람에게 연락을 하는 것도 어려웠지만 처음 연락한 사람에게 "저희에게 책 좀 보내주십시오." 하며 도움을 구하는 것은 내 성격이랑 맞지 않았다. 굶어 죽지 않는 한 남에게 아쉬운 부탁은 하지 말고 살자는 신념 아닌 신념을 가지고 살고

있는데 작은 부탁도 아니고 책 50권을 달라는 거나 마찬가진데 말문이 떨어지지 않았다. 그냥 포기할까 했는데 속에서 꿈틀꿈틀 그 놈의 열정이 또 솟아났다. 다른 것도 아니고 책이잖아. 이 책이 아이들에게 선물로 가는 거잖아. 그 순간 내 손은 벌써 전화기를 들고 있었다. 물론 번호를 누르지는 못했다.

 최대한 예의를 갖춰서 문자를 보냈다. 내가 누군지, 어떻게 연락처를 알게 되었는지, 책 나눔 운동이 뭔지, 해보니 좋았던 점 등 구구절절하게 참 길게도 썼다. 결론은 "책 50권만 후원해주세요."였지만 마지막 추신에는 거절하셔도 괜찮다는 말까지 적어 보냈다. 바로 답문자가 왔다. ○○○작가님께 이야기를 듣고 연락을 기다리고 있었다고. 왜 이제야 연락하셨냐고. 흔쾌히 책 후원을 하겠다는 내

용이었다. 의미있는 행사에 같이 할 수 있어 기쁘다는 응원을 담아서 말이다. 그리고 며칠 후 출판사에서 책을 보내왔다. 새 책 50권이 가지런히 담겨 있었다.

　책을 만드는 출판사지만 얼굴도 모르는 누군가의 부탁을 받고 선뜻 책을 지원해주는 것은 쉽지 않은 일이다. 내가 가진 것이 아무리 많아도 그것을 다른 사람과 나누는 일은 어렵다. 책을 보내준 출판사와 그 분의 고마움에 책 나눔 운동을 더 열심히 진행했다. 많은 책을 읽은 아이들 몇 명을 데리고 출판사에서 보내준 그 책을 지역 아동센터에 기부하러 갔다. 기부할 때 ○○○출판사에서 기부한 책이라고 아이들에게도, 기부를 받는 곳에도 꼭 말씀을 드렸다.

　올해도 그 분이 생각나는 것을 보니 9월이 가까워진 모양이다. 벌써 4년째 도움을 받고 있다. "올해는 책 후원이 좀 어려울 것 같아요." 문자를 보내기 전, 미리 받을 이런 비극적인 문자도 떠올려본다. 그래도 괜찮다. 출판사에선 할 만큼 했어. 스스로 마음을 다독거리며 떨리는 손으로 버튼을 눌렀다. "당연하죠. 올해도 보내드리겠습니다." 행복한 답장이 날아왔다. 내가 누군지 얼굴도 모른 채 내가 하는 일을 응원해주시는 분이 계시다는 것. 따뜻한 마음을 가지고 나눌 줄 아는 분이 도와주신다는 것만으로도 큰 힘이 된다. ㅇㅇㅇ작가님은 아직도 연락을 하며 내가 하는 일을 응원해주신다. 나의 키다리 아저씨들, 아니 키다리 아줌마들 덕분에 나는 아이들과 하고 싶은 교육활동을 하나라도 더 할 수 있고, 마음껏 하고 있다. 그래서 나는 오늘도 독서 관련 계획을 세우고 책 속에 파묻혀 풍성한 9월을 보내고 있다.

아이

 아이를 바라보는 생각이 많이 변했다. 나이가 들어서인지 이전보다 확실히 너그러워졌다. 구구단을 못 외우는 아이가 있으면 수업 후에 외우게 하거나 구구단 몇 번 써오기 숙제를 내며 스스로 조급해했다. '2학년이면 구구단은 외워야 해.', '5학년이면 역사에 대해 어느 정도는 알아야지.' 의무감에 사로잡혔던 것 같다. 학습 속도가 조금 느린 아이를 보면 반복학습이 정답인 것처럼 문제를 계속 풀게 했고, 생각만큼 아이의 학습이 따라오지 못하면 왜 이걸 모르냐며 나도 모르게 목소리가 높아졌던 적이 한두 번이 아니었다. 아이에게 스트레스가 된다는 생각은 하지 못했다. 학습은 교사로서의 책임이고, 나는 그 책임을 다하고 있다고 생각하며 스스로의 행동을 합리화했다.

학습 면에서만 그랬던 것은 아니었다. 아이들의 생활도 이해가 안 되기는 마찬가지였다. '몇 번씩 이야기 했는데도 준비물을 왜 안 챙겨왔을까?', '설렁설렁 놀면서 청소하고는 어떻게 다 했다고 말하지?' 공부 잘하고 행동이 모범적인 아이만 눈에 들어왔다. 모범생 아이의 행동과 장난꾸러기 아이의 행동을 비교하며 야단치고 벌까지 세웠다. 이랬던 내가 아이를 대하는 태도가 바뀌었다. 교직 경력이 쌓여서? 만나는 아이들이 조금씩 늘어나면서? 아니다. 가장 큰 계기는 역시 내 아이를 낳고 함께 하면서다.

 아이를 낳고 키우면서 부모들은 이전에 겪어보지 못했던 많은 경험을 하게 된다. 우는 아이를 달래느라 잠을 설치기도 하고, 밥 먹다가도 똥을 치우고 손에 똥까지 묻히게 된다. 바둑알을 삼킨 아이 때문에 며칠을 걱정하며 보내기도 하고, 유치원 장난감이 갖고 싶어 몰래 가지고 온 것을 타일러서 다시 보내기도 한다. 아이가 없으면 겪지 않았을 많은 버라이어티한 일들을 겪을 때면 순간적으로 화가 난다. 이해도 안 된다. 하지만 결론은 힝싱 비슷했다. '그래, 아이니까 그렇겠지. 그러면서 하나씩 배워나가는 거지. 내가 자란 것처럼 내 아이들도 자랄거야.' 스스로를 다독였다. 아이를 바꾸려고 했던 게 아니라 바꾸려다가 실패해서 내 생각을 바꾼 것 같다. 실패의 경험이 조금씩 쌓이고 쌓이면서 내 마음의 공간은 조금씩 넓어졌다.

 학교에서 만나는 아이들의 많은 부분이 이해되기 시작했다. 이해가 되니 그제야 아이들이 눈에 들어왔다. 전에는 모범생, 말 잘 듣고 수업을 잘 따라오는 아이들이 눈에 들어왔다면 이제는 다른 많은 아이들이 눈에 들어왔다. 수업 안 듣고 손장난을 하는 아이, 쉬는 시간에 우당탕탕 뛰어다니는 아이, 숙제를 안 해오는 아이가 이해되었다. 조급해하지 않고 아이들을 기다려줄 수 있게 되었다. 시간의 힘도 믿게 되었다. 그 시간에 배워서 알게 되는 것도 있지만 시간이 흐르면서 자연적으로 자라는 부분도 많다는 것을 알았다. 천방지축이었던 아이를 얌전하게 만들기 위해 노력을 했지만 뜻대로 되지 않았던 적이 있었다. 그런데 놀라운 건 그 다음해에 만난 아이는 어찌된 일인지 많이 차분해져 있었다. 시계를 못 보던 아이에게 시계를 가르치다 실패했던 적이 있었는데 겨울방학을 지내고 온 아이가 시계를 볼 줄 아는 것이었다. 그 시간들에는 부모님이나 다른 선생님들의 노력이 있었음은 확실하다. 아이들은 저절로 자라니 교사로서 어떠한 노력도 하지 말자는 말이 아니다. 다만 그 순간에 모든 것을 해결해야한다는 생각은 버리자는 것이다. 곱셈 단원을 배울 때 구구단을 완벽하게 외워야한다거나, 오늘 당장 얌전히 앉아있게 하지는 않았으면 한다. 지금 내가 하는 노력과 잔소리들은 쉽게 사라지지 않고 쌓이고 쌓여서 언젠가는 효과가 드러날 것이다. 사람에 따라 빨리 받아들이고 천천히 받아들일 뿐이다.

 아이 셋을 키우면서 아이들에 대해 많은 것을 배웠다. 그 배움은 성공한 경험이 아니고 화나고 속상하고 가슴 아팠던, 대부분이 실패한 경험들이다. 당시는 속 쓰렸던 경험들이 학교에서 만나는 아이들에게는 더 없이 좋은 선행학습이 되었다. 가끔 이런 생각을 한다. 내 아이를 키워보지 않고 학교 아이들을 계속 만났으면 어땠을까? 선행학습을 하지 못해 아이들에게 상처를 주고 있지는 않을까? 책과 연수를 통해 글이나 말로는 배웠지만 가슴 속에 들어오지는 못한 채 겉돌았을 것이다. 그러고 보면 공부뿐 아니라 삶에서도 미리 경험해보는 것은 중요한 것 같다. 그렇다면 중요한 것은 선행학습인가? 이렇게 결론이 나면 안 되는데 글이 이상한 방향으로 흘러가고 있다. 다양한 경험도 중요하지만 더 중요한 건 그 경험들이 내 것이 되느냐는 것이다. 아이들을 키운 경험이 내게는 소중한 배움으로 자리하고 있다. 그 배움 덕분에 나는 오늘도 아이들과 학교생활을 즐겁게 하고 있다. 아이들의 행동이 이해되지 않거나 혹시 아이들과 더 잘 지내고 싶은 미혼 남녀 선생님이 있다면 한 가지를 권한다. "빨리 결혼을 해서 아이를 낳고 키워보세요." 아이들을 바라보는 시선이 틀림없이 달라질 것이다. 믿거나 말거나.

선생님 되길 잘했지?

 대학생 때는 술을 마셨다. 술이 주는 몽롱함이 좋았다. 내성적인 성격인 내게 술은 하고 싶었던 말을 술술 나오게 했다. 호기를 부리며 동기들과 술 대결도 했다. 혀가 꼬이고 발음이 새면서도 "나 하나도 안 취했다고!" 소리치며 고집 부리는 내 모습도 멋져 보였다. 그러던 내가 술을 멀리하게 되었다. 첫 발령을 받고 얼마 되지 않아서였다. 다들 사회생활을 하면 안 먹던 술도 마신다던데 나는 사회생활을 하면서 술을 멀리했다. "왜 끊었어?" 누가 물어오면 딱히 할 말이 없었다. 내가 생각해도 왜 끊었는지 모르겠다. 어느 날 일어나니 술 냄새가 싫었다. 취한 것보다 깨어있는 것이 좋았고, 숙취로 맞이하는 아침보다 맑은 정신으로 맞이하는 아침이 좋았다. 그게 다. 처음에는 힘들었다. 회식자리에서는 어련히 술잔이 돌았고, 막내가 더군다나 남자 막내가 술을 거절하기란 쉽지 않았다. "한 잔은 할 줄 알지? 한 잔만 마셔 봐." "마시다 보면 늘어." 많이도 들었다. 뼈있는 농담도 많이 들었다. "그렇게 해서 사회생활 할 수 있겠어?" 마시지 않았다. 술 냄새가 정말 싫었다. 선생님은 교실에서 아이들과 잘 지내면 괜찮다고 생각했다. 남자 선생님들과는 조금씩 멀어졌고, 술자리 모임은 연락도 안 왔다. 이런 걸 보면 내 고집도 어지간한 똥고집이다. 하지만 예외 없는 일은 없다. 이런 내게도 얼음이 녹듯 고집이 꺾일 때가 있다.

  대학생이 되었다고, 군에 간다고, 제대했다고 아이들이 찾아올 때가 가끔 있다. 학교로 찾아올 때도 있고 한번 만나 뵙고 싶다고 전화가 오기도 한다. 만사를 제쳐두고 약속을 잡는다. 학교를 옮긴 첫 날, 환영회 자리였음에도 아이들을 만나러 갔다. 다른 선생님들의 곱지 않은 시선이 느껴졌지만 회식이야 다음 기회가 있는 반면 아이들은 그 순간 안 만나면 다음을 기약하기 어렵다. 누군가가 생각나서 연락하기가 어디 쉬운 일인가. 가족이나 친한 친구가 아닌 이상은 몇 번을 고민했을 것이고 용기를 냈을 것이다. 내가 그런 성격이기 때문에 "어쩌지? 미안한데 오늘은 일이 있어. 우리 다음에 보자."는 말을 못하겠다. 정말 급하거나 큰일이 아니면 아이들과의 만남이 내게는 최우선이다. 생각해보라. 또 얼마나 고마운 일인가! 잘해준 것도 없는 예전의 선생님을 잊지 않고 찾아준다는 것이. 밥 한 그릇 꼭 먹여서 보내야 마음이 편하다.

 현정이 영광이 민섭이를 만났다. 서울로 대구로 전주로 각자 원하는 곳으로 대학 진학을 했다. 봉화를 떠나기 전에 얼굴 한번 보자며 오래 전부터 약속된 만남이었다. 아이들과는 북지분교 6학년 때 같이 생활했다. 우리끼리 2박 3일 동안 서울 여행도 갔고, 천안까지 영어캠프도 다녀왔다. 일 년을 재미있게 지낸 덕분에 졸업을 하고도 계속 연락을 하고 있다. 스승의 날이나 새해가 되면 잊지 않고 전화나 문자를 보내왔다. 나도 아이들이 중학교 졸업할 때, 수능을 볼 때 잠깐 만나서 축하와 응원도 해 주었다. 약속된 장소에 약속된 시간에 갔다. 아이들이 먼저 와 있었다. 자리에 앉기가 무섭게 한 번도 꺼내지 않았던, 그동안 아껴두었던 말을 꺼냈다. "술 한잔 할래?" 쭈뼛쭈뼛하던 아이들이 서로를 보면서 씩 웃었다.

사실 난 술을 끊지는 않았다. 아주 가끔씩 마시기는 한다. 어쩔 수 없는 상황이 되면 분위기 맞춘다고 한 잔 정도 마시는데 자율적으로 마실 때도 있다. 바로 오늘 같은 날이다. 성인이 되어 찾아온 아이들과 밥을 먹을 때면 먼저 물어본다. "술 한잔 할래?" 아이들이 갑자기 찾아오면 차 때문에 마시지 못한다. 그때는 아이에게 양해를 구하고 술 따라주는 역할을 충실히 한다. 아이를 집까지 데려다주는 운전기사 역할도 한다. 미리 약속한 경우는 같이 마신다. 학교 다닐 때 이야기를 하면서 주거니 받거니 한다. 일부러 시간 내서 찾아온 예전 제자에게 혼술을 하게 하는 건 선생으로서 할 일이 아닌 것 같다는 나름의 개똥철학이다. 그래서 아이들을 만날 때는 나도 같이 마신다. 내가 깨작거리며 조금만 마시면 아이들도 마음껏 마시지 못할 것 같다는 쓸데없는 걱정이 앞서서 취하지 않을 정도로 마신다. 그 나이 때는 안 마시면 안 마셨지 조금만 마시지는 않기 때문이다. 나도 그랬으니까.
 현정이 민섭이 영광이와는 술 한잔 하자고 했다. 이 아이들과는 정도 많이 들었고, 추억도 많았다. 제사늘이 아니라 사촌 동생들 같다. 선생님으로서 아이들에게 술 마시는 법도 가르쳐주고 싶다는 이상한 책임감이 또 발동했다. 원하던 대학으로 꿈을 찾아 진학을 했기에 술 한잔 같이 마시는 것으로 축하해 주고 싶었다. 푸짐하게 시켰다. 삼겹살 6인분과 소주와 맥주도 두 병씩 주문했다. 아이들에게 술을 따라주었다. 첫 잔을 마셨다. 안 마시던 술이 들어가니 알딸딸한 게 기분이 좋았다. 소주잔은 계속 비워졌고, 또 소주잔은 계속 채워졌다.

십팔만 칠천 원. 계산서를 보는 순간 술이 조금 깼다. 참 많이도 먹었다. 사실 난 얼마 먹지를 못했다. 고기를 구워서 아이들 접시에 올려놓기에 바빴다. 술도 처음에 마신 몇 잔이 전부다. 따르기가 무섭게 아이들은 잘도 마셨다.

나중에는 지네들끼리 알아서 먹으라고 하고 나는 고기만 부지런히 구웠다. 술과 고기가 떨어지지 않게 해주었다. 남녀차별성 발언인지는 모르겠지만 민섭이와 영광이는 그렇다쳐도 여자인 현정이는 소주를 마실 수 있을까 했는데 웬걸, 제일 잘 마셨다. 얼굴색 하나 변하지 않고 끝까지 마신 사람은 현정이었다. 잘 마실 거라고 생각은 했지만 이 정도로 잘 마실 줄이야. 취한 건 몇 잔 마시지 않은 나 혼자였다.

 막차를 타고 봉화에서 영주로 나왔다. 기분이 좋았다. 초등교사가 되기 전 내 꿈이 졸업하고 찾아온 아이들과 술 한잔 마시는 것이었고, 얼마가 되든 기분 좋게 술값을 떡하니 계산하는 것이었다. 이미 이룬 꿈이었지만 꿈이라고 해서 처음 한 번만 의미가 있는 건 아니다. 내가 원했던 꿈은 이루어질 때마다 기분 좋은 것이고 의미가 있다. 아이들이 잊지 않고 찾아준 것이 좋았고 술 한잔하며 지난 이야기를 함께 나누는 것도 좋았다. 같은 시대를 살아가는 사람으로서 세상 살아가는 이야기를 함께 하는 것도 좋았고 선생님이라고 더 이상 교훈적인 이야기를 하시 않아도 되는 것이 좋았다. 내 이야기를, 내 고민을 털어놓을

수도 있었다. 혹시 선생님으로서의 역할이 남아 있다면 아이들에게 더 이상 꼰대 같은 소리를 하며 모범을 보이는 것이 아니라 조용히 고기를 굽고 술값을 계산하는 것이리라.

 일 년 뒤쯤, 영광이가 군대를 갈 거라고 한다. 입대하기 전에 다 같이 보자고 약속했다. 이제 각자의 자리로 떠나면 만나기 힘들 것을 알기에 건강하게 잘 지내라는 인사를 건넸다. 안 마시던 술을 마시고 기분이 좋아진 탓인지 평소 하지 않던 말을 스스로에게 했다.

 '선생님 되길 잘했지?'

교생이라는 말

"할머니, 지금 집에 계세요? 조금 있다 퇴근길에 잠깐 가려고요. 그런데 오늘은 손님을 두 분 모시고 가요."

평소에는 혼자 가던 곳을 교생 선생님 두 분과 함께 갔다. 마트에 들러 할머니가 좋아하시는 요구르트 몇 줄과 정육점에 들러 고기도 조금 샀다. 할머니 집으로 가는 차 안에서 성규 할머니가 어떤 분이신지, 나와는 어떤 인연인지 간단하게 말씀드렸다. 2주간의 교생 실습도 내일이 마지막 날. 그 동안 해 준 것도 없는데 이대로 끝내서는 안 되겠다는 생각에 부랴부랴 약속을 잡았다.

"선생님, 저는 수업도 잘 못하고 능력도 없어서 배울 점이 없을 거예요. 교생 선생님들과 함께 생활해 보는 것이 제 교직 생활의 꿈이었어요. 그래서 신청을 한 건데……

다른 선생님을 만났으면 좋았을 건데 정말 죄송해요."
 우리 반으로 배정받은 교생 선생님 두 분을 처음 만났을 때 사과부터 했다. 그전까지는 마냥 좋았다. 어떤 분들이 오실까 머릿속에 그리며 실실 웃기도 했다. 영주에 쫄면이 유명하니 중앙분식 쫄면은 꼭 사줘야지. 태극당 빵집에 가서 카스테라 인절미에 커피 한잔도 같이 마시면 좋겠다. 봉화에서 제일 오지에 있었던 폐교된 남회룡분교. 그래, 꼭 데리고 가서 이런 곳에도 학교가 있다는 걸 보여 줘야겠어.
 선배 교사로서 해 주고 싶은 일도 많았는데…… 이런 생각들이 한순간에 다 날아갔다. 교생 선생님들을 만나자마자 잠깐 나가 있었던 정신이 빠르게 제자리를 찾았다. 혼자서 또 착각을 하고 있었다. 그들은 놀러온 것이 아니었다. 예비 교사로서 수업을 배우고 학교생활을 익히기 위한 실습을 온 것이다. 교생 선생님들이 배정받은 주변의 다른 반들을 보았다. 연구대회를 열심히 참가해서 연례행사처럼 입상을 하는 선생님, 교육공동체에 참여해서 새로운 교육 방법을 배우고 실천하는 선생님, 학교에시 연구부장을 하시며 교육과정에 대해서는 모든 것을 알고 있는 선생님. 그제서야 느꼈다. '아, 교생 실습은 아무나 받으면 안 되는구나!' 그 선생님들이 대단해보였다. 비록 실습이지만 교직에 첫 발을 내디디는 교생 선생님들께 그들은 틀림없이 많은 것을 가르쳐 줄 것이다. 그 동안 배우고 익힌 그들의 전문성과 교직생활의 노하우를 교생 선생님들께 들려주며 교직의 길로 이끌어주겠지. 선생님들의 전문성이 부러웠다. 하지만 그들의 것은 내 것이 아니었고 그들을 부러워만 하고 있기에는 내 옆에 서 있는 두 교생 선생님들의 눈빛이 너무 반짝거렸다.

 문을 열고 들어서는 우리를 성규 할머니가 반갑게 맞아주셨다. 전화를 드리고 찾아가는 짧은 시간 동안 언제 하셨는지 정구지 부침개를 잔뜩 해 놓으셨다. 우리 반에 오신 교생 선생님들이라고 말씀을 드렸다. 이렇게 누추한 곳까지 귀한 선생님들이 오셨다며 내게 늘 그러셨듯이 두 선생님의 손부터 꼭 잡아주셨다. 깨끗한 곳으로 두 선생님들을 앉히고 부침개며 커피, 냉장고에 있던 과일까지 꺼내 오셨다. 손님 대접한다고 바쁜 할머니께 요즘 건강은 좀 어떠신지, 몸도 아프신데 이제 농사는 그만 하시라는 맥락도 없는 말들을 주절주절 꺼냈다. "성규는 언제

온대요? 직장 생활은 할 만 하대요? 전화라도 좀 자주하지.” 푸념도 늘어놓으며 평소보다 더 많은 말들을 할머니와 나누는 내 모습을 보여주었다. 내 마음을 이미 알고 계셨던 것처럼 그날따라 할머니도 입에 침이 마르도록 내 칭찬을 하셨다. 부끄럽고 민망했지만 가만히 듣고 있었다. 짧은 만남을 뒤로하고 자리에서 일어설 때는 남은 부침개를 몽땅 싸서 교생 선생님들 손에 쥐여주셨다.

 성규 할머니는 꼭 한번 만나게 해주고 싶었다. 지난 학부모와도 잘 지내고 있다는 깨알 같은 자랑을 위한 것은 아니다. 내가 느끼고 있는 것을 교생 선생님들에게 전해주고 싶었다. 성규 할머니를 뵐 때마다 마음속에서 무언가가 느껴졌다. 할머니를 뵙고 오면 며칠 동안은 마음이 따뜻해져서 학교생활을 할 수 있었다. 없던 힘이 생겼고 아이들과 즐겁게 지낼 수 있었다. 학교생활에 힘이 들거나 지쳐있을 때면 오늘처럼 불쑥 전화 한 통 드리고 찾아뵈었다. 할머니는 언제나 나를 반겨주셨다. “할머니!” 부르며 마당을 들어서는 그 순간이 좋았고, 방문을 열어젖히며 환하게 웃어주시는 모습이 좋았다. 낡은 유모차를 밀고 대문 밖까지 나와서 손 흔들며 배웅해주시는 모습이 고마웠다. 지금까지 백 번도 더 들었을 말을 또 하시며 할머니는 내게 고맙다고 하시지만 고마운 쪽은 오히려 나였다. 그래서 교직으로 들어서는 문 앞에 서 있는 그들에게 알려주고 싶었다. 이런 건 설명하고 가르치는 것이 아니라 있는 그대로의 모습을 보여주는 방법 밖에는 없다. 성규 할머니와 내 모습이 그들에게는 어떻게 보일까? 어떤 모습으로 기억될까? 염려는 묻어두고 그 모습 그대로를 보여주었다.

　교생 선생님 두 분에게서 연락이 왔다. 아이들을 보러가고 싶은데 와도 되냐고. 언제든지 환영한다는 말로 그들의 질문에 답을 드렸다. 겨울방학 전 날, 대구에서 봉화까지 먼 길을 두 분 선생님들이 아이들을 만나러 오셨다. 아이들에게 줄 피자를 양손 가득 들고. 오늘을 생각하며 자신들의 용돈을 아끼고 아꼈을 것이다.

　방학 전 날을 오랜만에 만난 교생 선생님들과 신나게 보내며 아이들은 즐거워했다. 그들의 따뜻한 마음이 위로가 되었다. 그들의 모습에서 내 모습도 겹쳐졌다. 교생실습을 마친 4학년 교실을 양손 가득 아이스크림을 들고 찾아간 그때가 떠올라 하루 종일 웃음이 번졌다. 몇 십 년이

지난 지금도 그때를 떠올리면 여전히 풋풋해지고 신선해지는 말. 그리고 그리워지는 그 말.
'교생'

추천의 글

뭔가 다르다

신정민(대구 아양초등학교 교사)

"아이들은 시끄러워야해요. 아이들이 안 시끄러우면 어디가 아프거나 걱정거리가 있는 거예요."

아, 이 선생님은 뭔가 다름을 느꼈다. 이 말을 듣고부터 나는 아이들의 끊임없는 재잘거림을 교실 속 작은 음악이라고 생각하게 되었다. 가만히 앉아서 아이들의 수업 시간, 쉬는 시간, 급식 시간 이야기를 듣고 있으면 그 속에도 저마다 작은 세상이 들어있다. 꼬마들에게도 인생이 있고, 고민이 있고, 신나는 일이 있는 것이다.

내가 송명원 선생님을 처음 뵙게 된 것은 나의 교대생 3학년 시절, 교생실습을 봉화의 한 학교에 간 것으로 시작된다. 일 년에 한 번 꼴로 실습을 가는 교대생으로서 이번 실습 역시 아이들과 재밌게 지내다 와야겠다 하며 실습을 시작했다. 하지만 이번 실습은 내가 가지고 있던 나름의 교직관과 교사상을 완전히 뒤바꿔 놓았다. 송명원 선생님은 아이들과 살아가는 것이 정말로 행복해 보였다. 아이들은 선생님을 '발가락 선생님'이라고 부르며 졸졸 쫓아다니고, 선생님께서는 그런 아이들과 늘 사랑을 주고 받으며 학급살이를 하고 계셨다.

"선생님, 저한테 배울 것은 없을 거예요. 그냥 아이들과 행복하게 놀다가 가셔요." 선생님께서 나에게 2주 동안 늘 하셨던 말이다. 천만의 말씀! 나는 교생실습을 하는 2주 동안 송명원 선생님으로부터 아이들과 함께하는 삶을 배웠고 아이들의 순수하고 투명함을 동시로, 그리고 이야기로 풀어내는 삶을 배웠다. 사실 교생실습 기간 동안 3시간은 꼭 아이들과 수업을 진행해야 했다. 아무리 아이들을 사랑하고 좋아해도 교직 경력이 전무한 나에게는 걱정거리였고, 끊임없는 고민의 대상이었다.

"선생님, 너무 부담 가지지 마세요. 어떤 수업을 해도 아이들은 무조건 좋아해줄 거예요. 선생님 존재 자체만으로도 아이들에겐 행복입니다."

'그래! 내가 이제껏 해 보고 싶었던 수업들을 해 보자. 정말 귀한 경험

이지.'

 아주 어렸을 때부터 선생님이 꿈이어서, 아이들과 수업을 할 수 있다는 사실만으로도 나에겐 가슴 뛰는 일이었다. 선생님 말씀대로 모든 부담과 걱정을 잠시 내려놓고 그냥 아이들과 신나게 수업했고 어느 순간 내가 그 속에 스며들어 있음을 알아차렸다.

 "선생님, 내일은 임시 담임도 해 보시겠어요? 아이들이 무척 좋아할 것 같은데……."

 임시 담임! 듣자마자 나는 걱정스런 표정은 지었지만 콧구멍이 벌렁거렸다. 하루 동안 이 사랑스러운 아이들의 담임이 될 수 있다니. 설레기도 하고 책임감에 마음이 조금 무거워지기도 했다. 그날 하루는 아이들과 아침은 어떻게 열지, 어떤 수업들을 할지, 급식 지도, 청소 지도는 어떻게 할지, 하교 인사는 어떻게 할지 상상하고 고민하며 시간을 보냈던 것 같다. 제대로 담임 역할을 해낸지도 모르겠지만 의욕이 앞섰던 하루를 보냈고,

 "선생님이 빨리 진짜 선생님이 되셔서 우리 학교로 오셨으면 좋겠어요."

 "맞아요, 우리가 3학년이 됐을 때 담임 선생님으로 와주세요."

나를 빙 둘러싼 아이들이 생글생글 웃으며 늘어놓는 얘기들에 진짜 눈물이 날 뻔했다. 이렇게나 예쁜 마음들을 아낌없이 내어 주는 아이들과 평생 살아갈 수 있다니. 나 정말 선생님 되길 잘했어! 사실 송명원 선생님께서 이미 알콩달콩 만들어둔 학급에 아주 잠깐 내가 함께한 것 뿐이지만 실습이 끝나고 돌아갈 때 어찌나 정이 들었던지, 눈물을 콸콸 쏟아내고 돌아왔다. 눈물 없이 들을 수 없는 나의 실습 마지막 날 이야기는 잠시 미뤄두고,

"선생님, 책 읽는 거 좋아하신다고 하셨죠. 우리 이 책 같이 읽고 이야기 나누어 보면 좋겠어요."

하시며 책을 한 권 내어 주셨다. 나는 책 선물을 참 좋아한다. 책을 선물하려면 그 책을 먼저 읽어봐야 하고, 전하고 싶은 마음을 담뿍 담아야 책을 선물할 수 있기 때문이다. 책을 선물 받은 그날 밤, 책에 푹 빠져들어 한 권을 다 읽고서야 잠들었다. 책에 대해 이야기를 나누는 순간도, 송명원 작가로서의 인생 이야기를 듣는 것도 정말 행복했다. 선생님의 제자가 그린 그림으로 책을 낸다는 이야기도 말이다. 아이들의 이야기, 아이들의 시선에서 쓴 동시, 동요가 이렇게나 아름답고 순수하고 깨끗하고 마음을 저릿하게 하는지 이제야 알게 되었다.

실습 마지막 날, 앞서 말한대로 나는 아이들과의 헤어짐이 너무나 아쉬워 한 명 한 명 끌어안으며 엉엉 울어댔고 선생님께서는 동화책을 한 아름 안겨주셨다. 집으로 돌아가는 길에 하나하나 살펴보는데, 세상에! 내가 정말 좋아하는 작가님의 사인과 메시지도 있었다. 그리고 송명원 선생님께서 직접 쓰신 동시집과 메시지에서는 한동안 눈을 뗄 수 없었다. 그렇게 나는 동시, 동요, 동화를 사랑하게 되었다. 모두 다 송명원 선생님 덕분이었다.

그해 11월, 선생님의 교단 에세이 출판 기념회에 초대받았다. 선생님께서 글을 쓰시고, 선생님의 제자였던 분이 그림을 그리신 책이었다. 야호! 모든 일을 제쳐두고 한달음에 찾아뵀다.

"먼 길 와주셔서 정말 감사해요. 사연이 있는 책이라 출판 기념회를 열었어요."

책도, 사인도 선물로 받고 요즘도 생각날 때마다 꺼내어 다시금 읽어본다. 나도 언젠가 교단 에세이를 쓰는 그 날을 상상하며.

"아이들이나 여기가 그리우면 언제든 오셔요. 기다리고 있겠습니다."

선생님의 마지막 이 한마디에 한 달 뒤, 또 봉화를 찾았다. 이번엔 아이들이 너무 보고 싶어서였다.

"선생님, 아이들에게 크리스마스 선물로 깜짝 방문하고 싶어요. 혹시 시간 괜찮을까요?"

아이들이 정말 그리워진 마음에 후다닥 연락을 드렸다. 선생님께서는 당연히 환영이라고 해주셨고, 아이들 방학식에 맞춰 산타 분장을 하고 봉화를 찾았다.

"얘들아, 잠깐 눈 감아 봐…… 이제 눈 떠도 돼!"

선생님께서는 나의 서프라이즈 계획을 도와주셨고, 아이들의 눈앞에 나타난 내 모습에 아이들은 정말 다시 온 거냐며 정말 보고 싶었다고 나를 끌어안았다.

'교생 선생님이 다시 대구로 가지 않게 해주세요.'

함께 만든 크리스마스 트리에 한 아이가 붙인 소원 종이가 눈에 띄었다.

"선생님, 이렇게 사랑스러운 아이들과 함께 지낸다니, 너무 부러워요."

나도 모르게 송명원 선생님께 나의 뭉클한 마음을 꺼냈다. 나는 송명원 선생님 같은 교사가 되기로 결심했다. 학교라는 작은 사회 인에서, 아이들이라는 작은 공동체를 사람 냄새 가득한 곳으로 만들겠다고 말이다. 선생님만의 색깔로 담아내시는 아이들의 이야기가 좋고 늘 글을 쓰시는 모습이 존경스럽다. 이번에 나오는 이야기도 지금 우리 반 아이들과 읽어보고 싶을 정도로 궁금하다. 그리고 이 이야기를 세상의 많은 이들이 꼭 읽어봤으면 좋겠다. 송명원 선생님께서 담아내시는 당신의 교직 이야기가, 그리고 순수하고 소박함이 나도 모르게 빙긋 웃게 만들고, 이야기에 빠져들게 만들기 때문이다.

교실의 온도

2022년 1월 10일 초판1쇄 발행

지은이　　송 명 원
그린이　　김 누 리
펴낸이　　김 성 민
편집디자인　김 경 자

펴낸곳　　도서출판 브로콜리숲
출판등록　제2020-000004호
주소　　　41743 대구광역시 서구 북비산로 65길 36, 2층
전화　　　010-2505-6996
팩스　　　053-581-6997
홈페이지　www.broccoliwood.com
인스타그램 broccoliwood_
전자우편　gwangin@hanmail.net

ⓒ송명원 김누리 2021
ISBN 979-11-89847-31-9 73810

*이 책 내용의 일부 또는 전부를 재사용하려면 반드시
 저작권자와 브로콜리숲 양측의 동의를 받아야합니다.
*책값은 뒤표지에 표시되어 있습니다.